ALFONS
SCHUHBECK

KLEIN ABER FEIN

*

Die Zutaten der Rezepte sind meist für 4 bis 8 Personen angegeben – dabei ist entscheidend, ob das Gericht als einzige Vorspeise oder mit anderen Häppchen auf den Tisch kommt.

Inhalt

Feine Häppchen, großes Glück

**Antipasti, Tapas, Mezze & Co.
laden zum Probieren und Teilen ein – und machen
alle am Tisch happy und satt!**

LIEBE LESERINNEN UND LESER,

bestimmt kennen Sie das Wort „Schmankerl“. Ich selbst sage es oft. Und meine damit etwas Kleines, besonders Feines. Etwas, das nicht groß daherkommt, aber ungemein gut schmeckt. Wer als Gastgeber seinen Freunden und der Familie solche Schmankerln vorsetzt, zu dem kommen alle immer wieder gern. Es ist nicht so sehr das große Menü, das Gästen oft in bester Erinnerung bleibt. Sondern eher die leckeren Kleinigkeiten vorneweg, die zum Hinschaun, Miteinander-Teilen und Mal-hier-mal-da-Probieren einladen. Die die Stimmung am Tisch so richtig in Schwung und alle in gute Laune bringen.

Solche Kleinigkeiten sind auf der ganzen Welt bekannt und beliebt. Mal heißen sie „Antipasti“, mal „Tapas“, mal „Mezze“. Oft sind sie gerade mal so groß bemessen, dass sie gut auf die Hand passen. Fingerfood, Gabel- oder Löffelhäppchen, die Appetit machen auf mehr. Und meist sind sie so dermaßen lecker, dass viele sich denken: „Eigentlich bräuchte ich jetzt gar keinen Hauptgang mehr.“

Recht so! Warum sollte man das, was allen am allermeisten Vergnügen bereitet, nicht zum Star auf dem Esstisch machen! Focaccia, Ceviche, Saté-Spießen oder Hummus zum Dippen – die Vielfalt der kleinen großen Appetitmacher ist weltumspannend und grenzenlos. Da kann man als leidenschaftlicher Genießer in der Küche mal so richtig zeigen, was man draufhat. Und als Gast in den Aromen der Welt schwelgen, alle möglichen Geschmacksfacetten ausprobieren – und sich dabei hinterher wunderbar satt und trotzdem unbeschwert fühlen.

Klein, aber fein – das sind meine Rezepte für alle, die gern kreativ sind, sich am Herd aber nicht verkünsteln wollen. Die wissen, worauf es beim Essen wirklich ankommt: Unkompliziert, vielfältig und abwechslungsreich soll es sein. Und so überraschend gut, dass es zum Miteinander-Teilen einlädt. Mit einem richtig schönen, großen Büfett macht das natürlich besonders Spaß. Schauen Sie doch mal, was ich mir dazu für Sie ausgedacht habe!

Gemeinsam eine gute Zeit haben, über Kleinigkeiten zum Miteinander finden – das ist eine feine Sache!

HERZLICH
Ihr Alfons Schuhbeck

Mediterran

Meine Top-Five-Zutaten

mit mediterranem Flair

HOLA! CIAO! SALUT! Hoch steht die Sonne am Himmel, die Grillen zirpen und unter der Weinlaube ist der Tisch gedeckt: Im Süden ist Essen eine fröhliche Sache, mit vielen Leuten, Lachen und Hallo. Kleine Häppchen vorneweg sind hier oft wichtiger als ein großer Hauptgang, das hat mit der Hitze zu tun und mit der Weinkultur, die in mediterranen Ländern eine lange Tradition hat. Zum Auftakt gibt's meist Sherry, Weißwein oder Prosecco – und damit die nicht gleich zu Kopf steigen, sorgen Antipasti, Tapas oder Hors d'œuvre für eine feste Grundlage. Leicht genug, um Platz für mehr zu lassen, und so pikant und raffiniert, dass der Appetit auf Touren kommt!

OLIVENÖL

Zum Dippen und Träufeln: Ein Stück Brot in sattgrünes oder goldgelbes Olivenöl getaucht, regt die Geschmacksknospen an und federt die Wirkung des Aperitifs ein wenig ab. Das Must-have auf jeder mediterranen Tafel. Aber, Obacht: bitte nur von allerbester Qualität! Heißt: kalt gepresstes, naturbelassenes („natives") Olivenöl der Kategorie „extra vergine". Pur, mit etwas Fleur de Sel schon ein Hochgenuss für sich.

PIZZABROT

Ob die noch warmen, knubbeligen Mini-Brote aus dem Ofen oder frisches Ciabatta, französisches Landbrot, toskanisches Weißbrot oder Baguette in Scheiben: Mediterranes Mais- oder Weizenbrot ist die Grundlage jeder authentischen südlichen Mahlzeit. Das duftende Innenleben mit der fluffigen Krume nimmt die sonnigen Aromen von Olivenöl, Dressings, reifen Tomaten, gegrilltem Gemüse und würzigen Kräutern und Dips perfekt auf.

MANDELN
Mandelbäume vertragen keinen Frost. Deshalb ist der Mittelmeerraum seit Jahrtausenden ihre Heimat. Geschält, geröstet und im Ganzen zum Knabbern, gehören ihre Früchte in vielen mediterranen Ländern zur traditionellen Begrüßung von Gästen. Sie gelten als Glücksbringer. Ihr mildes Aroma passt zu Käse, Gemüse und Früchten. Von Südspanien, Sizilien, Nordafrika bis in den Nahen Osten genießt man sie traditionell auch zu Fisch und Fleisch.

PARMESAN
Für mich der Inbegriff aller typisch körnig-krümeligen Hartkäse des Südens! Das zarte Kuhmilcharoma mögen auch Gäste, die sich für die kräftigeren Noten des spanischen Manchego oder italienischen Pecorino aus Schafsmilch nicht erwärmen können. Sehr dekorativ: ein größeres Stück auf einem Holzbrett anrichten, einige mundgerechte Bröckchen davon abbrechen, Zahnstocher zum Aufpicken dazustellen.

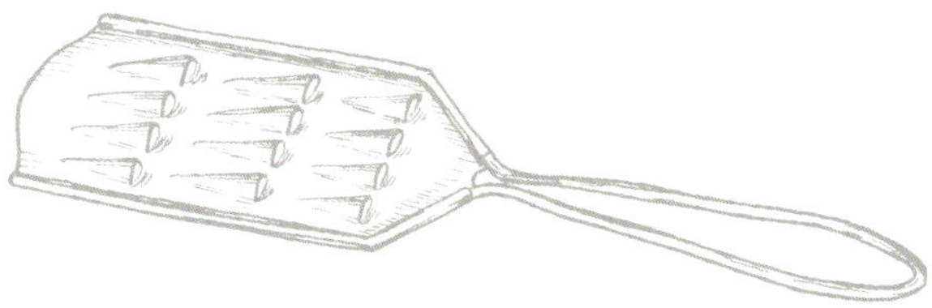

OLIVEN
Der Ölbaum ist einer der ältesten Fruchtbäume der Welt und gehört zum Mittelmeerraum wie die Wellen zum Strand. Oliven, ob grün oder schwarz, zählen daher sicher zu den ältesten Appetithäppchen der Menschheit! Grüne Oliven werden vor der Reife geerntet, schwarze, wenn sie ganz ausgereift sind. Ob in Öl oder Lake eingelegt: Ihre feinen Bitterstoffe und dezenten Salznoten regen den Appetit an und machen Lust auf mehr!

Tapas-Datteln
im Speckmantel

15 MIN. ZUBEREITUNG • 15 MIN. BACKZEIT

Zutaten
FÜR 20 STÜCK

20 geschälte Mandeln

Salz

20 frische Datteln
(ersatzweise getrocknete Datteln – groß und nicht zu trocken)

10 Scheiben Frühstücksspeck

1 Den Backofen auf 200 °C vorheizen. Ein Backblech mit Backpapier belegen. Die Mandeln in einer Pfanne ohne Fett bei mittlerer Hitze goldbraun rösten und mit Salz bestreuen. Herausnehmen und abkühlen lassen.

2 Die Datteln der Länge nach aufschneiden und entsteinen. Dann in jede Dattel statt des Steins je 1 Mandel einsetzen. Die Speckscheiben quer halbieren und jede gefüllte Dattel mit 1 Speckstreifen fest umwickeln.

3 Die Datteln auf der Nahtseite des Specks nebeneinander auf das Blech setzen. Im Ofen im unteren Drittel 12 bis 15 Minuten goldbraun backen. Herausnehmen, auf einer Platte anrichten und sofort servieren. Nach Belieben jeweils einen Zahnstocher hineinstecken und als Fingerfood servieren.

VARIANTE *Anstelle von Datteln können Sie auch gut* ***getrocknete Pflaumen*** *(Backpflaumen oder Dörrzwetschgen) mit jeweils* ***1 Mandel*** *füllen und in* ***1 Frühstücksspeckscheibe*** *wickeln. Danach einfach wie beschrieben zubereiten und im Ofen backen.*

Pimientos de Padrón

Gebratene Snack-Paprikas

10 MIN. ZUBEREITUNG

Zutaten
FÜR 4–8 PERSONEN

300 g Pimientos de Padrón (span. Bratpaprikaschoten)

2 EL Öl

1–2 EL mildes Olivenöl

Fleur de Sel

1 Die Pimientos de Padrón waschen und gut trocken tupfen. Das Öl in einer Pfanne erhitzen und die Pimientos darin bei milder Hitze rundum etwa 5 Minuten braten. Anschließend herausnehmen und auf Küchenpapier abtropfen lassen.

2 Zum Servieren die Pimientos auf vorgewärmte kleine Teller verteilen, mit dem Olivenöl beträufeln und mit Fleur de Sel würzen.

TIPP *Die Bratpaprikaschoten werden typischerweise in der Gegend von Padrón angebaut, einem Ort in Galizien, nahe der Nordwestküste Spaniens. Typisch für diese Paprikasorte ist der unterschiedliche Schärfegrad der einzelnen Früchte, was besonders beim Verzehr mit mehreren Gästen für Spannung und Spaß sorgt, wenn sich zwischendurch immer mal wieder eine Schote als scharf entpuppt.*

Bleiben gebratene Pimientos übrig, lässt sich daraus ein ***Brotaufstrich*** *zubereiten: Dafür die Stiele von den Paprikas entfernen,* ***die Schoten*** *fein hacken und mit etwas* ***Frischkäse*** *(Doppelrahmstufe) mischen. Alles mit je* ***1 kleinen Msp. fein geriebenem Knoblauch*** *und* ***Ingwer*** *sowie etwas* ***Salz*** *und* ***1 Prise Räucherpaprikapulver*** *würzen.*

Gefüllte Tomaten
mit Bergkäse und Spinat

15 MIN. ZUBEREITUNG • 25 MIN. BACKZEIT

Zutaten
FÜR 4 STÜCK

4 EL Weißbrot (in ½ cm großen Würfeln)
50 g junger Spinat
Salz
50 g Bergkäse (ohne Rinde)
50 g Ricotta
1 Ei
1 fein geriebene Knoblauchzehe
½ TL fein geriebener Ingwer
1 TL getrocknete italienische Kräuter
mildes Chilisalz
1 Msp. abgeriebene unbehandelte Zitronenschale
frisch geriebene Muskatnuss
4 Tomaten (mit Stielansatz)
etwas Crema di Balsamico

1 Den Backofen auf 175 °C vorheizen. Das Weißbrot in einer Pfanne ohne Fett hell rösten, herausnehmen und abkühlen lassen.

2 Den Spinat verlesen, waschen und abtropfen lassen. Dann in einem Topf in Salzwasser etwa 1 Minute blanchieren. In ein Sieb abgießen, kalt abschrecken und gut abtropfen lassen. Mit den Händen das übrige Wasser gut ausdrücken und den Spinat anschließend auflockern.

3 Den Bergkäse in kleine Würfel schneiden und mit Spinat, Ricotta, Ei, Brotwürfeln, Knoblauch, Ingwer und Kräutern zu einer gleichmäßigen Masse verrühren. Mit Chilisalz, Zitronenschale und Muskatnuss würzen.

4 Die Tomaten waschen und an der Seite des Stielansatzes jeweils einen Deckel abschneiden, dabei den Stielansatz nicht entfernen. Die Kerne entfernen. Die Spinat-Brot-Masse in die Tomaten füllen und die Deckel samt Stielansatz wieder daraufsetzen.

5 Die gefüllten Tomaten so nebeneinander in eine kleine Auflaufform (ca. 15 × 20 cm; alternativ in eine kleine Pfanne oder eine passende ofenfeste Form) setzen, dass sie sich gegenseitig stützen. Dann im Ofen auf der mittleren Schiene etwa 25 Minuten backen. Herausnehmen und kurz abkühlen lassen.

6 Zum Servieren kleine vorgewärmte Teller mit etwas Crema di Balsamico garnieren und je 1 gefüllte Tomate daraufsetzen.

Gefüllte Zucchini
mit Garnelen

30 MIN. ZUBEREITUNG

1 Die Garnelen am Rücken entlang nicht zu tief einschneiden und den Darm herausziehen. Die Garnelen waschen, trocken tupfen und in kleine Würfel schneiden. Dann mit einem Messer nochmals kurz durchhacken, bis die Masse bindet. Knoblauch, Ingwer, Limettenschale, Curry, Dill und Koriandergrün dazugeben, alles mit Chilisalz würzen und zu einer gleichmäßigen Masse mischen.

2 Die Zucchini putzen, waschen und die Enden entfernen. Jede Zucchini in 6 Stücke (à ca. 6 cm Länge) schneiden und diese schräg halbieren, sodass 12 Stücke entstehen. Die Zucchinistücke jeweils auf die gerade Schnittseite stellen und auf der schrägen Seite von oben großzügig mit einem Kugelausstecher aushöhlen (das Fruchtfleisch anderweitig verwenden).

3 Die Zucchini mit der Garnelenmasse füllen, dabei darf die Füllung deutlich über die Aushöhlung herausragen. In einen Dämpftopf 2 bis 3 cm hoch Wasser füllen, den Dämpfeinsatz in den Topf setzen und das Wasser aufkochen. Sobald Dampf entsteht, die gefüllten Zucchini auf den Einsatz setzen und mit geschlossenem Deckel bei milder Hitze 10 bis 12 Minuten dämpfen.

4 Die Zucchini aus dem Dämpftopf nehmen, kurz abtropfen lassen und in einer großen Pfanne in wenig Öl auf der Unterseite hell anbraten. Zum Servieren die Garnelenfüllung jeweils mit etwas Olivenöl bestreichen. Die gefüllten Zucchini auf einer Platte anrichten und nach Belieben mit Kräuterblättern garnieren.

Zutaten
FÜR 4–8 PERSONEN

400 g Garnelen (ohne Kopf, geschält)

1 fein geriebene Knoblauchzehe

1 TL fein geriebener Ingwer

1 TL abgeriebene unbehandelte Limettenschale

½ TL mildes Currypulver

1 EL Dillspitzen (frisch geschnitten)

1 EL Koriandergrün (frisch geschnitten)

mildes Chilisalz

2 Zucchini (je ca. 300 g, nach Belieben 1 gelbe und 1 grüne Zucchini)

½–1 TL Öl zum Anbraten

1–2 EL mildes Olivenöl zum Bestreichen

Gebackene Zucchiniblüten
mit Brezen-Käse-Füllung und Dip

30 MIN. ZUBEREITUNG

1 Für die Zucchiniblüten von den Laugenstangen das Salz entfernen und die Stangen in kleine Würfel schneiden. Den Käse ebenfalls in kleine Würfel schneiden und mit den Laugenwürfeln in einer Schüssel mischen.

2 Die Zwiebel schälen und in feine Würfel schneiden. In einer Pfanne mit 100 ml Wasser weich garen, bis die Flüssigkeit eingekocht ist. Das Ei mit der Milch verrühren und mit Zwiebelwürfeln und Petersilie zur Laugenstangen-Käse-Masse in die Schüssel geben. Mit Chilisalz, Brotgewürz und Muskatnuss würzen. Alles mischen, dabei aber nicht drücken.

3 Von den Zucchiniblüten die Blütenstempel entfernen. Dann die Knödelmasse in einen Spritzbeutel mit großer Lochtülle füllen und die Blüten mit der Laugenstangen-Käse-Masse füllen, danach die Enden vorsichtig verschließen.

4 Für den Dip den Joghurt mit Senf und etwas Milch glatt rühren. Kräuter und Zitronenschale unterrühren, alles mit Zitronensaft, etwas Chilisalz und 1 Prise Zucker würzen.

5 Zum Ausbacken reichlich Öl in einem großen Topf oder einer Fritteuse auf 160 °C erhitzen. Für den Ausbackteig das Mehl mit eiskaltem Wasser und Wein mit einem Schneebesen verrühren, das Öl unterrühren und den Teig mit Chilisalz würzen. Die gefüllten Zucchiniblüten durch den Backteig ziehen und im Öl 6 bis 8 Minuten knusprig frittieren. Herausnehmen und auf Küchenpapier kurz abtropfen lassen.

6 Zum Servieren die Zucchiniblüten nach Belieben halbieren, auf vorgewärmten Tellern anrichten und den Dip dazu reichen.

Zutaten
FÜR 8 STÜCK

FÜR DIE ZUCCHINIBLÜTEN:

125 g Laugenstangen (vom Vortag)

150 g Taleggio • 1 Zwiebel

1 Ei • 125 ml Milch

1–2 TL Petersilienblätter (frisch geschnitten)

mildes Chilisalz

½ TL Brotgewürz (ersatzweise je 1 Prise gemahlener Fenchel, Koriander und Kümmel)

frisch geriebene Muskatnuss

8 Zucchiniblüten mit Frucht (bzw. mit Mini-Zucchini, weibliche Blüten)

Öl zum Frittieren

FÜR DEN DIP:

200 g griech. Joghurt (10 % Fett)

½ TL Dijon-Senf • 3–4 EL Milch

2 EL gemischte Kräuterblätter (z. B. Bärlauch, Dill, wenig Estragon, Kerbel, Petersilie, Schnittlauch; frisch geschnitten)

1 Msp. abgeriebene unbehandelte Zitronenschale

1 Spritzer Zitronensaft

mildes Chilisalz • Zucker

FÜR DEN AUSBACKTEIG:

100 g Mehl

120 ml eiskaltes Wasser

75 ml eiskalter Weißwein

1 EL Öl • mildes Chilisalz

Pa amb Oli

Mallorquinische Röstbrote

10 MIN. ZUBEREITUNG

Zutaten
FÜR 8 STÜCK

8 Scheiben Baguette
1 Feige
1 halbierte Knoblauchzehe
½ Tomate
8 TL mildes Olivenöl
mildes Chilisalz
8 dünne Scheiben Ibérico-Schinken (ersatzweise Serrano-Schinken)

1 Die Baguettescheiben in einer beschichteten Pfanne ohne Fett oder im Toaster hellbraun rösten. Die Feige putzen, waschen und in 8 Spalten schneiden.

2 Anschließend die Oberseiten der gerösteten Brotscheiben mit der Schnittfläche der Knoblauchzehe etwas einreiben. Die Tomatenhälfte mit der Schnittseite ebenfalls etwas auf den Broten reiben, sodass die Brote leicht „tomatisiert" werden. (Den Rest der Tomate anderweitig verwenden.)

3 Die Brotscheiben sofort jeweils mit 1 TL Olivenöl beträufeln und leicht mit Chilisalz würzen. Jeweils mit 1 Schinkenscheibe belegen und mit 1 Feigenspalte garnieren.

TIPP *„Pa amb oli" heißt „Brot mit Öl" und ist eine Art mallorquinische Brotzeit. Der Belag besteht meist aus Schinken, kann aber variiert werden – zum Beispiel mit Schafskäse, Paprikasalami (in dünnen Scheiben) und vielem mehr. Traditionell kommen die gerösteten Brotscheiben mit den übrigen Zutaten auf den Tisch und jeder bereitet sich sein Pa amb Oli selbst zu.*

Auf Mallorca verwendet man zum „Tomatisieren" meist die Tomatensorte „Ramallet". Diese wird traditionell zu einem Büschel gebunden und aufgehängt. Die Ramallet-Tomaten haben eine sehr dicke Schale und nur wenig saftiges Fruchtfleisch – ideal zum Einstreichen der Brote, da so nur wenig Tomatenfruchtfleisch am Röstbrot hängen bleiben kann. Die Tomate aromatisiert somit das Brot nur dezent, ohne es unnötig durchzuweichen.

Focaccia
mit Cocktailtomaten und Oliven

20 MIN. ZUBEREITUNG • 2 STD. 15 MIN. GEHZEIT • 35 MIN. BACKZEIT

Zutaten
FÜR 1 BACKBLECH

FÜR DIE FOCACCIA:

15 g frische Hefe

500 g Mehl

½ TL Zucker

10 EL mildes Olivenöl

2 TL Salz (15 g)

1–2 EL Rosmarinnadeln (frisch geschnitten)

3 EL mildes Olivenöl für das Blech

250 g kleine Cocktailtomaten

Mehl zum Arbeiten

1 geh. EL italienische Kräuter

80 g grüne Oliven (ohne Stein)

2 TL Fleur de Sel

FÜR DEN BELAG:

1 Handvoll Rucola

2 Kugeln Mozzarella

100 g Coppa-Schinken (Rohschinken aus Schweinenacken; ersatzweise Parmaschinken; in dünnen Scheiben)

1 Für den Teig die Hefe in 50 ml lauwarmem Wasser glatt rühren. Das Mehl in eine Schüssel sieben, in die Mitte eine Mulde drücken und die aufgelöste Hefe und den Zucker dazugeben. Beides mit etwas Mehl zu einem zähen Teig verrühren, mit etwas Mehl bestäuben und das Dampferl (den Vorteig) an einem warmen Ort etwa 15 Minuten gehen lassen, bis sich im Mehl Risse zeigen.

2 Anschließend 5 EL Olivenöl und ¼ l lauwarmes Wasser kurz mit Mehl und dem Dampferl mischen. Dann Salz und Rosmarin hinzufügen und alles mit den Knethaken des Handrührgeräts oder der Küchenmaschine 5 bis 10 Minuten zu einem weichen Teig schlagen, der Luftblasen wirft. Je nach Konsistenz noch einige Esslöffel lauwarmes Wasser hinzufügen. Den Teig in einer großen Schüssel an einem warmen Ort zugedeckt etwa 1 Stunde gehen lassen.

3 Inzwischen ein tiefes Backblech mit Backpapier belegen und mit dem übrigen Olivenöl (3 EL) einfetten. Die Tomaten waschen. Den Teig mit bemehlten Händen kurz durchkneten und flach auf das Blech drücken. Mit den Kräutern bestreuen, Tomaten und Oliven gleichmäßig darauf verteilen. Mit einem umgedrehten Backblech zudecken und nochmals etwa 1 Stunde gehen lassen. Rechtzeitig den Backofen auf 200 °C vorheizen.

4 Das übrige Olivenöl (5 EL) vorsichtig auf dem Teig verteilen und die Focaccia mit Fleur de Sel bestreuen. Dann im Ofen auf der mittleren Schiene 30 bis 35 Minuten goldbraun backen.

5 Währenddessen für den Belag den Rucola verlesen, waschen und trocken schleudern. Den Mozzarella 1 bis 1½ cm groß würfeln. Die Focaccia aus dem Ofen nehmen und kurz abkühlen lassen. Mit Tomaten, Mozzarella und Schinkenscheiben belegt servieren.

Gegrillte Polenta
mit getrockneten Tomaten und Pinienkernen

25 MIN. ZUBEREITUNG • 2 STD. KÜHLEN

1 Für die Polenta einen Bräter oder eine große Auflaufform (ca. 20 × 30 cm) mit etwas Öl einfetten und mit Backpapier belegen. Die Milch mit Brühe und 1 Prise Salz in einem Topf aufkochen. Die Polenta unter Rühren mit einem Schneebesen einrieseln und etwas köcheln lassen, bis ein dicker Brei entstanden ist.

2 Die Polenta vom Herd nehmen, Parmesan, Rosmarin, Eier, Knoblauch und Zitronenschale unterrühren und alles mit Salz, Pfeffer und etwas Muskatnuss würzen. Die Polenta in der Form etwa 1 cm hoch glatt verstreichen, nicht zudecken und im Kühlschrank etwa 2 Stunden abkühlen lassen.

3 Inzwischen die Pinienkerne in einer Pfanne ohne Fett goldbraun rösten, herausnehmen und auf einem Teller abkühlen lassen. Tomaten und Aprikosen in kleine Würfel schneiden, mit Olivenöl und Basilikum mischen. Den Mozzarella in Scheiben schneiden und mit Chilisalz würzen.

4 Die Polentaplatte mithilfe des Backpapiers aus der Form heben, zuerst längs halbieren und dann quer in 6 bis 7 cm breite Stücke schneiden. Eine Grillpfanne bei mittlerer Temperatur erhitzen, ½ TL Öl mit einem Pinsel darin verstreichen und die Polentastücke bei mittlerer Hitze auf beiden Seiten goldbraun braten.

5 Zum Servieren den Mozzarella auf die Polentascheiben setzen, die Tomaten-Aprikosen-Mischung darauf verteilen und alles mit den Pinienkernen bestreuen.

TIPP *Eines meiner meistverwendeten Gewürze – das milde* ***Chilisalz*** *– können Sie zu Hause leicht selbst herstellen:* ***1 EL feines Meersalz*** *mit* ***1 gestrichenen TL milden Chiliflocken*** *(ohne Kerne) mischen.*

Zutaten
FÜR 4–8 PERSONEN

FÜR DIE POLENTA:

300 ml Milch
300 ml Gemüsebrühe
Salz
300 g Instant-Polenta (Maisgrieß)
3 EL geriebener Parmesan
1 TL Rosmarinnadeln (frisch geschnitten)
2 Eier
1 fein geriebene Knoblauchzehe
1 TL abgeriebene unbehandelte Zitronenschale
Pfeffer aus der Mühle
frisch geriebene Muskatnuss
1–2 TL Öl für die Form und zum Braten

AUSSERDEM:

2 EL Pinienkerne
80 g getrocknete Tomaten (in Öl)
2 getrocknete Aprikosen
2 EL mildes Olivenöl
1 EL Basilikumblätter (frisch geschnitten)
120 g Mini-Mozzarellakugeln
mildes Chilisalz (siehe Tipp)

Sizilianische Arancini

Gebackene Reiskrapfen

45 MIN. ZUBEREITUNG • 1 STD. KÜHLZEIT

1 Für die Füllung Reis und Brühe in einen Topf geben, ein Blatt Backpapier darauflegen und den Reis knapp unter dem Siedepunkt etwa 25 Minuten ausquellen lassen.

2 Danach den Reis in eine Schüssel füllen und braune Butter und Bergkäse unterrühren. Eigelbe, Kräuter, Knoblauch, Ingwer und Zitronenschale hinzufügen und alles mit Chilisalz und Pfeffer würzen. Die Masse etwa 1 Stunde abkühlen lassen. Anschließend aus der Masse mit angefeuchteten Händen etwa 16 kleine Bällchen (à ca. 3 cm Durchmesser) formen.

3 Für den Ausbackteig Mehl, Speisestärke und Backpulver mischen, sieben und mit einem Schneebesen nach und nach 300 ml kaltes Wasser unterrühren, sodass ein sämiger Teig entsteht. (Sobald das Wasser hinzugefügt wird, entsteht durch das Backpulver etwas Schaum.) Mit Chilisalz würzen.

4 Etwas doppelgriffiges Mehl in einen tiefen Teller geben. Reichlich Öl in einem großen Topf oder einer Fritteuse auf 160 °C erhitzen. Die Reisbällchen im Mehl wenden, nacheinander in den Teig tauchen und im Öl wenige Minuten goldbraun frittieren.

5 Herausnehmen und auf Küchenpapier abtropfen lassen. Zum Servieren mit Chilisalz nachwürzen.

TIPP *Die Reiskrapfen am besten als Snack servieren und dazu nach Belieben einen Joghurtdip oder eine Tomatensauce reichen. Die Reismasse lässt sich anstatt zu Bällchen nach Belieben auch mit zwei Esslöffeln zu Nocken oder mit angefeuchteten Händen zu länglichen Kroketten formen. Je nach Größe benötigen sie dann eine längere Frittierzeit.*

Zutaten
FÜR 4–8 PERSONEN

FÜR DIE FÜLLUNG:

150 g Risottoreis (z. B. Arborio, Carnaroli, Vialone Nano)

400 ml Gemüsebrühe

1 EL braune Butter (siehe Seite 83)

80 g geriebener Bergkäse

2 Eigelb

3 EL gemischte Kräuterblätter (z. B. Dill, Kerbel, 2 Blätter Liebstöckel, Petersilie; frisch geschnitten)

1 fein geriebene Knoblauchzehe

½ TL fein geriebener Ingwer

½ TL abgeriebene unbehandelte Zitronenschale

mildes Chilisalz

Pfeffer aus der Mühle

FÜR DEN AUSBACKTEIG:

125 g Mehl

125 g Speisestärke

2 Pck. Backpulver (30 g)

mildes Chilisalz

doppelgriffiges Mehl (Instant- oder Spätzlemehl)

Öl zum Frittieren

Saltimbocca vom Seeteufel
mit Spargel-Bohnen-Gemüse

30 MIN. ZUBEREITUNG

Zutaten
FÜR 4–8 PERSONEN

FÜR DAS GEMÜSE:

½ Fenchelknolle

½ Bund grüner Spargel (dicke Stangen)

½ Bund weißer Spargel (dünne Stangen, außerhalb der Saison ersatzweise grüner Spargel)

120 g tiefgekühlte Dicke Bohnen (aufgetaut)

100 g weiße Bohnen (aus der Dose)

100 g Cocktailtomaten

80 ml Gemüsebrühe

1 EL kalte Butter

1 EL mildes Olivenöl

je 1–2 TL Dillspitzen, Basilikum- und Petersilienblätter (frisch geschnitten)

mildes Chilisalz

FÜR DEN FISCH:

8 Basilikumblätter (ersatzweise Salbeiblätter)

450 g Seeteufelfilet (ohne Haut und Gräten)

8 dünne Scheiben Pancetta (ersatzweise Parmaschinken)

½ TL Öl

Pfeffer aus der Mühle

1 Für das Gemüse den Fenchel putzen, waschen und in 1 bis 1½ cm große Stücke schneiden. Beide Spargelsorten waschen, den weißen Spargel ganz, den grünen nur im unteren Drittel schälen. Die holzigen Enden jeweils entfernen und beide Spargelsorten schräg in etwa 1 cm breite Stücke schneiden.

2 Die Dicken Bohnen palen (ergibt ca. 80 g). Die weißen Bohnen in einem Sieb abbrausen und abtropfen lassen. Die Tomaten waschen und vierteln.

3 Den Fenchel und beide Spargelsorten mit der Brühe in eine große tiefe Pfanne geben. Ein Blatt Backpapier darauflegen und das Gemüse knapp unter dem Siedepunkt 5 bis 6 Minuten gerade weich garen. Weiße Bohnen, Dicke Bohnen und Tomaten dazugeben und kurz erhitzen. Die kalte Butter in Stücken und das Olivenöl unterrühren, die Kräuter hinzufügen und alles mit Chilisalz würzen. Warm halten.

4 Für den Fisch das Basilikum waschen und trocken tupfen. Das Seeteufelfilet waschen, trocken tupfen und in 8 Scheiben schneiden. Jede Scheibe mit 1 Basilikumblatt belegen und mit 1 Pancetta-Scheibe umwickeln.

5 Eine Pfanne bei mittlerer Temperatur erhitzen, das Öl mit einem Pinsel darin verstreichen und die Seeteufelpäckchen auf beiden Seiten je 1 bis 2 Minuten braten. Herausnehmen, auf Küchenpapier abtropfen lassen und mit Pfeffer würzen.

6 Zum Servieren das Gemüse auf vorgewärmte Teller verteilen und die Seeteufel-Saltimbocca darauf anrichten.

Fritto misto
mit Knoblauch-Limetten-Dip

25 MIN. ZUBEREITUNG • 15 MIN. BACKZEIT

Zutaten
FÜR 4–8 PERSONEN

FÜR DEN FRITTO MISTO:

400 g gemischtes Gemüse (z. B. Fenchel, Karotten, Zucchini) und Champignons

150 g Sepiolini (Mini-Tintenfische; küchenfertig)

150 g Shrimps (kleine Garnelen; geschält und entdarmt)

125 g Mehl • 125 g Speisestärke

2 Pck. Backpulver (30 g)

1 EL getrocknete italienische Kräuter

Salz • Pfeffer aus der Mühle

Zucker

frisch geriebene Muskatnuss

50 g doppelgriffiges Mehl (Instant- oder Spätzlemehl)

Öl zum Frittieren

FÜR DEN DIP:

200 g griech. Joghurt (10 % Fett)

2 EL Milch

1 kleine fein geriebene Knoblauchzehe

1 Msp. fein geriebener Ingwer

abgerieben Schale von 1 unbehandelten Limette

1 Spritzer Limettensaft

mildes Chilisalz • Zucker

AUSSERDEM:

4 unbehandelte Limettenspalten

1 Für den Fritto misto den Fenchel putzen, waschen, vierteln und den harten Strunk entfernen. Den Fenchel auf der Gemüsereibe in 2 bis 3 mm dicke Scheiben hobeln. Die Karotten putzen, schälen, auf der Gemüsereibe längs in 2 bis 3 mm dünne Scheiben hobeln und diese nochmals halbieren oder dritteln. Die Zucchini putzen, waschen, längs halbieren und schräg in ½ cm dünne Scheiben schneiden. Die Pilze putzen, trocken abreiben und halbieren. Die Sepiolini nach Belieben kleiner schneiden, dann mit den Shrimps waschen und trocken tupfen.

2 Für den Ausbackteig Mehl, Speisestärke und Backpulver mischen, in eine Schüssel sieben und unter Rühren langsam 300 ml kaltes Wasser dazugeben, sodass ein sämiger Teig entsteht. (Sobald das Wasser hinzugefügt wird, entsteht durch das Backpulver etwas Schaum.) Die Kräuter unterrühren und den Teig mit Salz, Pfeffer, 1 Prise Zucker und etwas Muskatnuss würzen.

3 Das doppelgriffige Mehl in einen tiefen Teller geben. Reichlich Öl in einem großen Topf oder einer Fritteuse auf 160 °C erhitzen. Gemüse, Pilze, Sepiolini und Shrimps zuerst im Mehl wenden, dann nach und nach durch den Teig ziehen, etwas abtropfen lassen und im Fett jeweils 3 bis 4 Minuten rundum goldbraun ausbacken. Herausnehmen und auf Küchenpapier abtropfen lassen.

4 Inzwischen für den Dip den Joghurt mit der Milch glatt rühren. Knoblauch, Ingwer, Limettenschale und 1 Spritzer Limettensaft unterrühren. Den Dip mit Chilisalz und 1 Prise Zucker würzen.

5 Zum Servieren den Fritto misto auf vorgewärmte Teller verteilen, die Limettenspalten zum Beträufeln und den Dip dazu reichen.

Pulpo auf galizische Art

Pulpo a la gallega

1 STD. 40 MIN. ZUBEREITUNG

1 Die Fangarme und die „Tüte“ des Oktopus vom Kopfteil abschneiden, den Kopf entfernen. Die Arme sollten noch gut zusammenhalten. Die Arme und die „Tüte“ gründlich unter fließendem kaltem Wasser waschen und abtropfen lassen.

2 Reichlich Salzwasser in einem Topf zum Kochen bringen. Die Zwiebel schälen und das Lorbeerblatt mit den Gewürznelken auf der Zwiebel feststecken. Den Oktopus mit der gespickten Zwiebel ins kochende Wasser geben und darin 1 Stunde 15 bis 30 Minuten mehr ziehen als köcheln lassen, bis er weich ist.

3 Für den Gartest den Oktopus mit dem Schaumlöffel aus dem Wasser heben und mit der Fleischgabel einstechen – ist kein oder kaum Widerstand zu spüren, ist der Oktopus gar.

4 Zum Servieren das Olivenöl mit dem Knoblauch und dem Räucherpaprikapulver verrühren. Den Oktopus aus dem Sud heben und möglichst heiß in etwa 1 cm dicke Scheiben schneiden. Die Scheiben nebeneinander auf kleine Teller verteilen, mit dem Würzöl beträufeln und mit Fleur de Sel würzen. Dazu passt Weißbrot.

TIPP *Diese einfache, aber aromareiche Zubereitung ist in Galizien, im Nordwesten Spaniens, ein traditionelles Gericht auf Volksfesten. Dort wird der Pulpo auf Holztellern angerichtet und – ähnlich wie bei uns die Currywurst – mit kleinen Holzspießen serviert.*

Zutaten

FÜR 4–8 PERSONEN

1 kleiner Oktopus (Pulpo; 1–1,2 kg)

Salz

1 kleine Zwiebel

1 Lorbeerblatt

3 Gewürznelken

8 EL mildes Olivenöl

1 fein geriebene Knoblauchzehe

½ TL Räucherpaprikapulver (Pimentón de la Vera picante)

Fleur de Sel

Pollo tonnato

Hähnchen mit Thunfischsauce

20 MIN. ZUBEREITUNG • 30 MIN. GARZEIT

1 Für das Hähnchen den Backofen auf 100 °C vorheizen. Auf die mittlere Schiene ein Ofengitter und darunter ein Abtropfblech schieben. Das Hähnchenbrustfilet waschen und trocken tupfen. Eine Pfanne bei mittlerer Temperatur erhitzen, das Öl mit einem Pinsel darin verstreichen und das Hähnchenbrustfilet rundum etwas anbraten. Dann auf dem Ofengitter im Ofen noch 20 bis 30 Minuten saftig durchziehen lassen. Anschließend herausnehmen und lauwarm abkühlen lassen.

2 Für die Sauce den Frischkäse mit Milch, Thunfisch samt Lake, Knoblauch, Ingwer, Kapern, Sardellen, Senf und Zitronenschale in einen hohen Rührbecher geben. Alles mit dem Stabmixer fein pürieren. Zuletzt das Öl dazugeben und untermixen, die Sauce mit Chilisalz würzen. (Die Sauce wird streichfähig, wenn man sie einige Stunden in den Kühlschrank stellt.)

3 Inzwischen vom Romana-Salat die äußeren Blätter entfernen. Den Salat in die einzelnen Blätter teilen, waschen und trocken schleudern. In einer Salatschüssel mit Zitronensaft und Olivenöl beträufeln, mit Chilisalz würzen und alles gut mischen.

4 Zum Servieren die Thunfischsauce mittig auf flache Teller verteilen und die Salatblätter darauf anrichten. Das Hähnchenbrustfilet in Scheiben schneiden, mit Brathähnchengewürz und nach Belieben mit etwas Chilisalz würzen. Das Fleisch auf den Salat legen und mit den Kräuterblättern garnieren.

TIPP *Die Thunfischsauce hält sich im Kühlschrank 1 bis 2 Tage. Sie schmeckt auch gut zu kalten Kalbfleischscheiben, kaltem und dünn geschnittenem Schweinebraten oder zu Gemüse-Rohkoststicks.*

Zutaten

FÜR 4–8 PERSONEN

FÜR DAS HÄHNCHEN:

600 g Hähnchenbrustfilet

½ – 1 TL Öl

FÜR DIE SAUCE:

100 g Frischkäse (Doppelrahmstufe)

4 EL Milch

200 g Thunfisch (in Lake)

1 Msp. fein geriebener Knoblauch

1 Msp. fein geriebener Ingwer

15 g Kapern • 15 g Sardellen

1 TL Dijon-Senf

1 Msp. abgeriebene ungehandelte Zitronenschale

2 – 3 EL Öl

mildes Chilisalz

AUSSERDEM:

1 Mini-Romana-Salat

etwas Zitronensaft

etwas mildes Olivenöl

mildes Chilisalz

1–2 TL Brathähnchengewürz (ersatzweise ¼ TL Salz, je 1 Prise Chiliflocken, Knoblauch- und edelsüßes Paprikapulver, gemahlene Fenchelsamen und Korianderkörner, getrockneter Oregano und Rosmarin)

einige Kräuterblätter zum Garnieren (z. B. Basilikum, Dill, Kerbel, Petersilie)

Geflügellebercreme
mit Portweingelee

25 MIN. ZUBEREITUNG • 1 STD. KÜHLZEIT

Zutaten
FÜR 6 PERSONEN

FÜR DIE CREME:

350 g Geflügelleber (z. B. von Hähnchen, Ente oder Gans)

½ TL Zucker

100 g Butter

2 cl Cognac

2 cl Portwein

1 EL Apfel- oder Quittengelee

je 1 Streifen unbehandelte Orangen- und Zitronenschale

130 g Sahne

mildes Chilisalz

getrockneter Majoran

Quatre Épices (ersatzweise gemahlener Piment)

FÜR DAS GELEE:

1½ Blatt Gelatine

20 g Zucker

100 ml roter Portwein

50 ml Cognac

1 Für die Creme die Leber säubern, waschen, trocken tupfen und in etwa 2 cm große Stücke schneiden. Den Zucker in einer Pfanne bei milder Hitze karamellisieren, die Leber mit 30 g Butter dazugeben und 1 bis 2 Minuten rundum rosa braten. Cognac und Portwein dazugießen, Gelee unterrühren und die Zitrusschalen dazugeben.

2 Die Sahne hinzufügen, alles leicht erwärmen und mit Chilisalz, 1 Prise Majoran und 1 Prise Quatre Épices würzen. Dann vom Herd nehmen, alles wenige Minuten ziehen lassen und die Zitrusschalen wieder entfernen.

3 Das Ganze im Mixer mit der restlichen kalten Butter fein pürieren. Nach Belieben durch ein feines Sieb streichen und nochmals abschmecken. Dann die Creme auf sechs Portionsförmchen (à ca. 8 cm Durchmesser) verteilen, mit einem Löffelrücken glatt streichen und im Kühlschrank 30 Minuten fest werden lassen.

4 Inzwischen für das Gelee die Gelatine in etwas kaltem Wasser einweichen. Zucker, Portwein und Cognac in einem kleinen Topf bei milder Hitze zum Köcheln bringen. Den Topf vom Herd nehmen, die Gelatine ausdrücken und unter Rühren in der heißen Flüssigkeit auflösen. Das Portweingelee auf Zimmertemperatur abkühlen lassen.

5 Nach etwa 30 Minuten die Portionsförmchen aus dem Kühlschrank nehmen und das abgekühlte, aber noch flüssige Gelee in einer etwa ½ cm hohen Schicht auf die Creme gießen.

6 Die Geflügellebercreme im Kühlschrank nochmals mindestens 30 Minuten fest werden lassen. Dann servieren. Dazu passen geröstetes Toast- oder Weißbrot sowie dunkles Brot.

Blätterteigpasteten
mit Hähnchen-Pilz-Ragout

20 MIN. ZUBEREITUNG • 15 MIN. BACKZEIT

Zutaten
FÜR 4 PERSONEN

FÜR DIE PASTETEN:

500 g tiefgekühlter Blätterteig (ca. 3 mm dick; angetaut)

1 Eigelb

1 EL Sahne

FÜR DAS RAGOUT:

80 g feste Champignons

80 ml Hühnerbrühe

80 g Sahne

½ – 1 TL mildes Currypulver

mildes Chilisalz

1 TL Speisestärke

1 Hähnchenbrustfilet (ca. 120 g; ohne Haut)

1 – 2 TL braune Butter (siehe Seite 83)

80 g TK-Erbsen (aufgetaut)

1 Für die Pasteten den Backofen auf 210 °C vorheizen. Ein Backblech mit Backpapier belegen. Aus dem tiefgekühlten Blätterteig auf der Arbeitsfläche 16 Kreise (à ca. 8 cm Durchmesser) ausstechen. Erst aus 12 Kreisen noch kleinere Kreise (à ca. 6½ cm Durchmesser) ausstechen, sodass 12 Teigringe entstehen. Die ausgestochenen kleinen Kreise beiseitelegen, übrigen Teig anderweitig verwenden.

2 Die 4 großen Teigkreise als Boden auf das Blech legen, mit einer Gabel mehrmals einstechen und mit kaltem Wasser bestreichen. Je 1 Teigring auf die 4 Teigkreise legen und mit Wasser bestreichen. Eine weitere Lage Teigringe auflegen, mit Wasser bestreichen und mit den übrigen 4 Teigringen belegen. Die kleinen Kreise als spätere Deckel ebenfalls auf das Blech legen und mehrmals einstechen. Eigelb und Sahne verquirlen und die obersten Teigringe und die Deckel damit bestreichen. (Achtung, das Eigelb sollte dabei an den Seiten nicht herunterlaufen!) Die Pasteten im Ofen auf der mittleren Schiene 10 bis 15 Minuten backen. Danach herausnehmen.

3 Inzwischen für das Ragout die Pilze putzen, trocken abreiben und vierteln. Brühe, Sahne und Curry in einer Pfanne erhitzen und mit Chilisalz würzen. Die Speisestärke mit wenig kaltem Wasser glatt rühren, in die Sauce geben und köcheln lassen, bis diese sämig bindet, warm halten. Das Fleisch waschen, trocken tupfen und 1½ bis 2 cm groß würfeln. In einer Pfanne in der braunen Butter rundum anbraten. Herausnehmen und in der Sauce knapp unter dem Siedepunkt wenige Minuten saftig durchziehen lassen. Die aufgetauten Erbsen und die Pilze dazugeben, alles erhitzen und nochmals abschmecken. Zum Servieren die Pasteten auf vorgewärmte Teller setzen, mit dem Ragout füllen und einen Blätterteigdeckel auflegen (übrige Deckel anderweitig verwenden).

Kleine Piccate milanesi

Kalbsschnitzel im Parmesanmantel

20 MIN. ZUBEREITUNG

1 Die Tomaten waschen und in Würfel schneiden, dabei Kerne und Stielansätze entfernen. Die Schalotte schälen und in feine Würfel schneiden. Tomaten, Schalotte, Basilikum und Olivenöl mischen und alles mit Chilisalz und Pfeffer würzen. Den Salat bis zum Servieren durchziehen lassen.

2 Für die Schnitzel die Eier mit Parmesan und 1 EL Mehl in einer Schüssel zu einer sämigen Masse verquirlen und mit Chilisalz und etwas Muskatnuss würzen. Die Kalbsschnitzel zwischen zwei Blättern geölter Frischhaltefolie dünn klopfen, etwas mit Salz und Pfeffer würzen.

3 Das übrige Mehl mit den italienischen Kräutern in einem tiefen Teller mischen. Das Öl in einer Pfanne erhitzen. Die Schnitzel nacheinander zuerst im Mehl wenden, dann durch die Ei-Parmesan-Masse ziehen und etwas abtropfen lassen. In der Pfanne im Öl bei milder Hitze auf beiden Seiten je 2 bis 3 Minuten anbraten. Herausnehmen und auf Küchenpapier abtropfen lassen.

4 Zum Servieren die Schnitzel auf vorgewärmte Teller legen und die marinierten Tomaten daneben anrichten. Nach Belieben unbehandelte Zitronenspalten dazu reichen.

Zutaten

FÜR 4–8 PERSONEN

FÜR DIE TOMATEN:

2 Tomaten • ½ Schalotte
1 TL Basilikumblätter (frisch geschnitten)
1 TL mildes Olivenöl
mildes Chilisalz • Pfeffer aus der Mühle

FÜR DIE SCHNITZEL:

2–3 Eier • 80 g geriebener Parmesan
80 g doppelgriffiges Mehl (Instant- oder Spätzlemehl)
mildes Chilisalz
frisch geriebene Muskatnuss
8 kleine Kalbsschnitzel (à ca. 60 g)
Öl für die Folie
Salz • Pfeffer aus der Mühle
1 TL getrocknete italienische Kräuter (ersatzweise getrocknete Kräuter der Provence oder Zatar)
1–2 EL Öl zum Braten

Lammkoteletts
mit Peperonata

40 MIN. ZUBEREITUNG

1 Für die Peperonata die Zwiebel schälen, halbieren und in dünne Scheiben schneiden. Die Paprikaschoten vierteln, entkernen und waschen. Die Viertel mit dem Sparschäler schälen und in dünne Streifen schneiden. Den Knoblauch schälen und fein hacken. Den Rosmarin waschen und trocken tupfen.

2 Zwiebel und Paprikas in einer tiefen Pfanne ohne Fett bei milder Hitze etwas andünsten. Die Brühe dazugießen, das Lorbeerblatt hinzufügen und die Paprika bei milder Hitze etwa 20 Minuten weich garen. Dabei nach etwa 15 Minuten Garzeit Zitronenschale, Knoblauch und Rosmarin hinzufügen.

3 Anschließend die ganzen Gewürze wieder entfernen. Erst ein Drittel der Peperonata in einen hohen Rührbecher geben, das Olivenöl hinzufügen und alles mit dem Stabmixer fein pürieren. Dann das Püree unter die übrige Peperonata mischen und alles mit Chilisalz würzen, warm halten.

4 Für die Koteletts eine große Pfanne bei mittlerer Temperatur erhitzen und das Öl mit einem Pinsel darin verstreichen. Die Lammkoteletts waschen, trocken tupfen und mit dem Handballen etwas flach drücken. Dann in der Pfanne auf beiden Seiten jeweils etwa 2 Minuten braten. Die Pfanne vom Herd nehmen und die Koteletts mit Chilisalz würzen.

5 Zum Servieren die Peperonata auf vorgewärmte Teller verteilen und die Lammkoteletts daraufsetzen. Dazu passt Baguette.

Zutaten
FÜR 4–8 PERSONEN

FÜR DIE PEPERONATA:

1 Zwiebel

je 1 rote und gelbe Paprikaschote

1 Knoblauchzehe

1 Zweig Rosmarin

80 ml Gemüsebrühe

1 Lorbeerblatt

1 Msp. abgeriebene unbehandelte Zitronenschale

4 EL mildes Olivenöl

mildes Chilisalz

FÜR DIE KOTELETTS:

1 TL Öl

8 Lammkoteletts (à ca. 45 g; mit Knochen)

mildes Chilisalz

Panna cotta bianca
mit Kaffee und Kirschen

15 MIN. ZUBEREITUNG • 14 STD. KÜHLZEIT

Zutaten
FÜR 4 PERSONEN

FÜR DIE PANNA COTTA:

40 g Kaffeebohnen

400 g Sahne

1 Vanilleschote

200 ml Milch

50 g Zucker

4 Blatt Gelatine

FÜR DIE KIRSCHEN:

½ TL Speisestärke

100 g Sauerkirschen (aus dem Glas; abgetropft) mit 125 ml Kirschsaft

1 TL Puderzucker

70 ml Rotwein

1 EL Zucker

1 kleiner Splitter Zimtrinde

1 Gewürznelke

1 Streifen unbehandelte Zitronenschale

1 TL Honig

1 cl Kirschwasser

1 Für die Panna cotta am Vortag die Kaffeebohnen in einer Pfanne ohne Fett leicht erhitzen, bis sie anfangen zu duften. Mit der Sahne in eine Schüssel geben und zugedeckt im Kühlschrank etwa 12 Stunden, am besten über Nacht, ziehen lassen.

2 Am nächsten Tag die Kaffeesahne durch ein Sieb gießen und die Kaffeebohnen entfernen. Die Vanilleschote längs aufschneiden und das Mark herauskratzen. Die Milch in einem kleinen Topf mit der Hälfte der Kaffeesahne (200 g), Vanilleschote und -mark sowie dem Zucker einmal aufkochen. Dann durch ein Sieb gießen, die Vanilleschote entfernen.

3 Die Gelatine in kaltem Wasser einweichen, dann ausdrücken und in der heißen Sahnemischung unter Rühren auflösen. Alles so lange abkühlen lassen, bis es zu gelieren beginnt. Inzwischen die übrige Kaffeesahne halbsteif schlagen und mit einem Teigschaber unter die Masse heben. In Dessertgläser füllen und zugedeckt im Kühlschrank etwa 2 Stunden ziehen lassen.

4 Währenddessen die Speisestärke mit etwas Kirschsaft glatt rühren. Den Puderzucker in einem Topf bei milder Hitze hell karamellisieren. Den Wein dazugießen und auf die Hälfte einkochen lassen. Dann den übrigen Kirschsaft, den Zucker und die Gewürze hinzufügen und alles einmal aufkochen.

5 Die angerührte Speisestärke zum Gewürzsud geben und köcheln lassen, bis dieser sämig bindet. Alles durch ein Sieb gießen, die ganzen Gewürze entfernen und die Kirschen hinzufügen. Alles erneut aufkochen, vom Herd nehmen und mit Honig und Kirschwasser abschmecken, abkühlen lassen. Die Panna cotta mit den Kirschen servieren und nach Belieben mit Minze garnieren.

Bayerisch

Meine Top-Five-Zutaten
für bayerischen Genuss

SERVUS MITEINANDER! Die Bayern sind die Südländler Mitteleuropas. Eine anständige Brotzeit sieht bei ihnen deshalb ähnlich aus wie die Auswahl in einer Tapas-Bar, die mundwässernde Vielfalt eines Antipasti-Arrangements oder die verwirrende Anzahl von Schüsselchen auf einer Mezze-Tafel: Viel hilft viel, heißt das Motto gastgeberischer Großzügigkeit im südlichsten Bundesland Deutschlands! Neben Krustenbrot, Salzstangerln und Semmeln müssen daher unbedingt auch Hart- und Streichwürste, Weich- und Hartkäse, Obazda und allerlei Knackiges aus dem Gemüsegarten auf dem Büfett-Brettl versammelt sein. Ganz zu schweigen von Brezen und Bier. Barocker Genuss ist das Gegenteil von Askese!

BREZEN
Sind zwar keine Erfindung aus Bayern, aber seit Jahrhunderten mit dem bayerischen Lebensstil so eng verbunden wie die Schaumkrone mit dem Bier. Oberstes Gebot: Resch müssen sie sein! Ein knuspriges Äußeres mit nicht allzu salziger Note offenbart beim Reinbeißen die sahneweiße, fluffige Krume aus Hefeteig. Damit lässt sich trefflich dippen: Schmalz oder Rillette von Ente oder Gans, Leberwurst oder Obazda wären ohne Brezen wie ein Mauerblümchen, das keiner zum Tanz auffordert.

BUTTER
Ob aus Süßrahm oder Sauerrahm – frische Butter in Zimmertemperatur, hübsch angerichtet auf Holz, Steingut oder Porzellan, ist ein Muss für jedes bayerische Büfett. Die Landwirtschaft mit Milchviehhaltung prägte die bayerischen Regionen schon vor Jahrhunderten, und so war und ist ein gutes Stück Butter, serviert zu hausgebackenem Brot, seit eh und je ein beliebtes – und respektables! – Magentratzerl für lieben Besuch.

SCHNITTLAUCH

Sattgrün leuchten die Wiesen und Wälder der bayerischen Landschaften. Ohne das Grün von frisch geschnittenem, knackigem Schnittlauch (idealerweise aus Topf oder Beet) sähe auch ein bayerisches Gelage seltsam nackert aus. Das gartenfrische Finish mit seinem rustikal-appetitanregenden Aroma schmückt Kartoffel- wie Wurstsalate, Schmalztöpfe wie Suppenteller und sticht pur, mit etwas Butter und Brot, jede noch so raffinierte Kreation aus. Schlicht nicht zu toppen!

RADIESCHEN

Die Mini-Rettiche in flammendem Rot sind die kleineren Geschwister des berühmten Biergarten-Radi – nur nicht ganz so scharf und streng im Geschmack. Ihre Senföle helfen dem Magen, schwerlastige Größen wie den typischen Schweinsbraten, das geräuchterte Wammerl oder das krosse Backhendl leichter zu verdauen. Und sie knacken unwiderstehlich beim Reinbeißen! Ein Hingucker auf dem Tisch, ein kalorienarmer Knabberspaß und dazu gesund – was will man mehr!

SENF

Scharf, mittelscharf oder süß – ein guter Hausmachersenf ist die Krönung für jede bayerische Wurst. Ob der kräftige französische Dijon oder die feinen Honig- oder malzigen Biernoten der süßeren Senfrezepturen – der Scharfmacher aus dem Glas harmoniert perfekt mit dem oftmals rauchigen, gut salzigen und kräutergesättigten Geschmack vieler bayerischer Fleisch- und Wurst-Berühmtheiten.

Obazda
mit Schnittlauch

5 MIN. ZUBEREITUNG • 30 MIN. TEMPERIERZEIT

Zutaten
FÜR CA. 4 PERSONEN

250 g reifer Camembert oder Brie

60 g würziger Weichkäse (z. B. Limburger oder Taleggio)

3–4 TL Obazda-Gewürz (ersatzweise 1 TL edelsüßes Paprikapulver, je 1 Prise Chiliflocken, gemahlener Kümmel, gemahlener Koriander und Pfeffer aus der Mühle)

60 g Frischkäse (Doppelrahmstufe)

mildes Chilisalz

1 EL Schnittlauchröllchen

4 Laugenbrezen (ersatzweise andere Brotsorten)

1 Den Camembert und den Weichkäse in kleine Würfel schneiden und in einer Schüssel etwa 30 Minuten Zimmertemperatur annehmen (temperieren) lassen.

2 Anschließend das Obazda-Gewürz mit 6 EL warmem Wasser verrühren und mit dem Frischkäse unter die temperierten Käsewürfel rühren. Alles gründlich verrühren und den Obazdn zuletzt mit Chilisalz abschmecken.

3 Zum Servieren den Obazdn auf kleine Schalen verteilen und mit Schnittlauch bestreuen. Die Brezen dazu reichen.

VARIANTE *Das Rezept lässt sich sehr gut variieren: Für einen* ***Obazdn mit Gorgonzola und Orange*** *(für ca. 4 Personen)* ***300 g reifen Camembert oder Brie*** *sowie* ***70 g Gorgonzola*** *in kleine Würfel schneiden und in einer Schüssel etwa 30 Minuten Zimmertemperatur annehmen lassen. Dann mit* ***150 g Frischkäse*** *(Doppelrahmstufe),* ***3 bis 4 EL Sahne*** *und* ***½ TL abgeriebener unbehandelter Orangenschale*** *gleichmäßig verrühren. Mit* ***etwas Chilisalz*** *würzen und zum Servieren mit* ***1 EL Basilikumblättern*** *(in feinen Streifen) bestreuen.*

Enten-Rillette

auf Bauernbrot

15 MIN. ZUBEREITUNG • 3 STD. 30 MIN. GARZEIT • 2 STD. KÜHLZEIT

Zutaten
FÜR 8 PERSONEN

400 g fetter, roher Schweinebauch (mit Schwarte)
2 Entenkeulen (à 350 – 400 g)
2 EL Öl
650 ml Hühnerbrühe
150 g Knollensellerie
2 kleine Karotten
2 kleine Zwiebeln
3 Zweige Thymian
1 säuerlicher Apfel (z. B. Elstar)
2 Lorbeerblätter
1 TL Wacholderbeeren
1 TL schwarze Pfefferkörner
1 Streifen unbehandelte Orangenschale
2 Scheiben Ingwer
1 Knoblauchzehe (in Scheiben)
mildes Chilisalz
jeweils einige Tropfen Weinbrand und Birnengeist
8 kleine Scheiben Bauernbrot

1 Den Schweinebauch in etwa 3 cm große Würfel schneiden. Die Entenkeulen waschen, trocken tupfen und mit dem Schweinebauch in einem Topf im Öl rundum anbraten. Das Öl abgießen, die Brühe dazugießen, sodass alles gut bedeckt ist. Entenkeulen und Schweinebauch knapp unter dem Siedepunkt etwa 3 Stunden 30 Minuten mehr ziehen als köcheln lassen. Der Schweinebauch sollte dabei sehr weich gekocht werden.

2 Währenddessen das Gemüse putzen, schälen, in grobe Stücke schneiden und nach etwa 2 Stunden Garzeit zu Entenkeulen und Schweinebauch geben. Den Thymian waschen und trocken tupfen. Den Apfel schälen, achteln, entkernen und etwa 20 Minuten vor Ende der Garzeit mit Thymian, Lorbeerblättern, Wacholderbeeren, Pfefferkörnern, Orangenschale, Ingwer und Knoblauch hinzufügen.

3 Anschließend Entenkeulen, Schweinebauch und Gemüse aus dem Sud nehmen und etwas abkühlen lassen. Dann das Entenfleisch von den Keulen lösen und mit dem Schweinebauch und dem Gemüse durch den Fleischwolf drehen (alternativ alles im Blitzhacker grob mixen).

4 Den Sud durch ein Sieb gießen, etwa 125 ml Sud unter das durchgedrehte Fleisch rühren. Zuletzt die Masse mit Chilisalz, Weinbrand und Birnengeist abschmecken. In ein großes oder mehrere kleine saubere Schraubgläser oder Weckgläser füllen, abkühlen lassen und noch mindestens 1 bis 2 Stunden kühl stellen.

5 Zum Servieren die Enten-Rilette auf die Brotscheiben streichen. Nach Belieben mit feinen Birnen- oder Apfelscheiben, roten Zwiebeln (in Würfeln oder Ringen) und Schnittlauchröllchen garnieren. Gekühlt bleibt die restliche Rilette mehrere Wochen frisch.

Gefüllte Mini-Paprikas
auf Kürbis-Chili-Sauce

20 MIN. ZUBEREITUNG • 1 STD. 30 MIN. BACKZEIT

Zutaten
FÜR 12 STÜCK

FÜR DIE PAPRIKAS:

12 bunte Mini-Paprikaschoten

40 g Toastbrot • 50 ml Milch

½ kleine Zwiebel

je 125 g Schweine- und Kalbshackfleisch

1 Ei • 1 TL scharfer Senf

1 TL getrockneter Majoran

abgeriebene Schale von ¼ unbehandelten Zitrone

1 fein geriebene Knoblauchzehe

1 Msp. fein geriebener Ingwer

2–3 EL Petersilienblätter (frisch geschnitten)

frisch geriebene Muskatnuss

mildes Chilisalz

¼ l Hühnerbrühe

FÜR DIE SAUCE:

400 g Muskatkürbis (geschält etwa 300 g)

100 ml Hühnerbrühe • 100 g Sahne

½ fein geriebene Knoblauchzehe

1 Msp. fein geriebener Ingwer

1 TL Currypulver

¼ TL Räucherpaprikapulver (Pimentón de la Vera picante)

mildes Chilisalz • 1 EL kalte Butter

1 Den Backofen auf 160 °C vorheizen. Für die Paprikas von den Mini-Schoten Strunk und Deckel abschneiden, Kerne entfernen. Schoten und Deckel waschen und trocken tupfen. Toastbrot würfeln und in einer Schüssel mit Milch begießen. Zwiebel schälen und in feine Würfel schneiden. Zwiebelwürfel in einer Pfanne mit 80 ml Wasser weich garen, bis die Flüssigkeit eingekocht ist.

2 Beide Hackfleischsorten mit dem eingeweichten Brot, Zwiebelwürfeln, verquirltem Ei, Senf, Majoran, Zitronenschale, Knoblauch, Ingwer, Petersilie, etwas Muskatnuss und Chilisalz verkneten. Die Paprikaschoten mit der Hackmasse füllen und die Deckel wieder aufsetzen. Die Brühe in einen Bräter oder eine große Auflaufform (ca. 20 × 30 cm) gießen. Die Paprikas dicht nebeneinander hineinsetzen und den Deckel auflegen. Die Paprikas im Ofen auf der mittleren Schiene 1 Stunde 15 bis 30 Minuten weich garen.

3 Währenddessen für die Sauce den Kürbis schälen und die Kerne mit einem Löffel entfernen. Das Kürbisfleisch klein würfeln und in der Brühe weich garen. Anschließend in ein Sieb abgießen, dabei die Brühe auffangen. Den Kürbis mit 3 EL aufgefangener Brühe wieder in den Topf geben. Sahne, Knoblauch, Ingwer, Curry, Räucherpaprikapulver und Chilisalz hinzufügen und alles erwärmen. Die kalte Butter dazugeben, alles mit dem Stabmixer fein pürieren und nochmals abschmecken. Die Sauce nach Belieben mit Chiliflocken oder -pulver würzen, warm halten.

4 Zum Servieren die Sauce nochmals mit dem Stabmixer aufschäumen, auf vorgewärmte Teller verteilen und die Mini-Paprikaschoten daraufsetzen.

Wurstsalat mit Pilzen

und buntem Gemüse

20 MIN. ZUBEREITUNG

Zutaten

FÜR 4–8 PERSONEN

1 rote Zwiebel

1 rote Paprikaschote

1 kleine Fenchelknolle

100 g kleine Pilze (z. B. Steinpilze und Pfifferlinge; außerhalb der Saison Champignons oder andere Zuchtpilze)

100 g breite grüne Bohnen

Salz

6 grobe Regensburger Würste

50 ml Hühnerbrühe

Öl zum Braten

3 EL Weißweinessig

2 EL mildes Olivenöl

Zucker

mildes Chilisalz

Pfeffer aus der Mühle

1 EL Schnittlauchröllchen

1 Die Zwiebel schälen und in 1 bis 1½ cm große Blätter schneiden. Die Paprika längs vierteln, entkernen, waschen und in etwa 1½ cm große Stücke schneiden. Den Fenchel putzen, waschen und halbieren, den harten Strunk entfernen und die Hälften in etwa 1½ cm große Blätter schneiden.

2 Die Pilze putzen und trocken abreiben, eventuell kleiner schneiden. (Pfifferlinge gründlich putzen, falls nötig, waschen und trocken tupfen.) Die Bohnen putzen, waschen und in Rauten schneiden. Die Bohnen in kochendem Salzwasser etwa 5 Minuten bissfest blanchieren. In ein Sieb abgießen, kalt abschrecken und abtropfen lassen. Die Regensburger Würste häuten, in dünne Scheiben schneiden und in eine Salatschüssel geben.

3 Zwiebel, Paprika und Fenchel mit der Brühe in einer Pfanne bei milder Temperatur wenige Minuten dünsten. Eine weitere Pfanne bei mittlerer Temperatur erhitzen, ½ bis 1 TL Öl mit einem Pinsel darin verstreichen und die Pilze anbraten. Anschließend Bohnen, gedünstetes Gemüse und Pilze zu den Wurstscheiben geben.

4 Zum Servieren alle Zutaten mit Essig und Olivenöl beträufeln und mit 1 Prise Zucker, etwas Chilisalz und Pfeffer würzen. Den Salat gut mischen und zuletzt den Schnittlauch unterheben.

Brezenknödelsalat

1 STD. ZUBEREITUNG • 1 STD. KÜHLZEIT

1 Für die Knödel Laugenstangen ½ bis 1 cm groß würfeln. Heiße Milch mit 2 Eiern verquirlen, mit Salz, Pfeffer und 1 Prise Muskatnuss würzen, mit Laugenwürfeln mischen, dabei nicht drücken. Zwiebel schälen und fein würfeln, in einer Pfanne mit Brühe weich garen, bis die Flüssigkeit eingekocht ist, mit Petersilie und Butter zur Knödelmasse geben. Übrige Eier verquirlen und in einer Pfanne in Butter zu Rührei braten, dabei nur halb stocken lassen, damit es sich gut unterheben lässt. Sofort unter die Knödelmasse heben.

2 Vier Blätter starke Alufolie (ca. 25 × 25 cm) jeweils mit Frischhaltefolie belegen. Je ein Viertel der Knödelmasse darauf zu einer länglichen Rolle (à ca. 5 cm Durchmesser) formen. Erst in die Frischhalte-, dann in die Alufolie einwickeln, die Enden andrücken und verdrehen. In einem großen Topf Wasser erhitzen und die Knödelrollen darin bei milder Hitze 25 bis 30 Minuten garen. Herausnehmen und ½ bis 1 Stunde abkühlen lassen, die Knödelrollen aus der Folie wickeln und in ½ bis 1 cm dicke Scheiben schneiden.

3 Für die Marinade Wacholder in einer Pfanne ohne Fett erhitzen, bis er glänzt, dann herausnehmen. Die Zwiebel schälen, in dünne Ringe schneiden und mit der Brühe in einer Pfanne knapp unter dem Siedepunkt wenige Minuten ziehen lassen. Vom Herd nehmen, mit Essig und Öl verrühren. Wacholder, Lorbeer, Knoblauch und Ingwer hinzufügen und alles mit Chilisalz und 1 Prise Zucker würzen, etwa 10 Minuten ziehen lassen, anschließend ganze Gewürze wieder entfernen. Den Spargel waschen, im unteren Drittel schälen und die holzigen Enden entfernen. Stangen schräg in etwa 4 cm lange Stücke schneiden, in der Brühe mit einem Blatt Backpapier bedeckt knapp unter dem Siedepunkt 6 bis 8 Minuten bissfest garen. Braune Butter hinzufügen, mit Chilisalz würzen. Zum Servieren die Marinade auf tiefe Teller verteilen und die Brezenknödelscheiben darauf leicht überlappend anrichten. Den Spargel daraufsetzen und alles mit Radieschen und Käse bestreuen.

Zutaten

FÜR 4–8 PERSONEN

FÜR DIE KNÖDEL:

250 g weiche Laugenstangen (Salz entfernt)
¼ l heiße Milch • 4 Eier
Salz • Pfeffer aus der Mühle
frisch geriebene Muskatnuss
½ Zwiebel • 100 ml Gemüsebrühe
1 EL Petersilienblätter (frisch geschnitten)
1 TL zerlassene Butter
Butter zum Braten

FÜR DIE MARINADE:

5 Wacholderbeeren
1 weiße Zwiebel
200 ml Gemüsebrühe
3 EL Weißweinessig • 2 EL Öl
1 Lorbeerblatt
1 Knoblauchzehe (in Scheiben)
2 Scheiben Ingwer
mildes Chilisalz • Zucker

AUSSERDEM:

250 g grüner Spargel
70 ml Gemüsebrühe
1 EL braune Butter (siehe Seite 83)
mildes Chilisalz
4 Radieschen (in Scheiben)
4 geh. EL Bergkäsespäne

Flammkuchen

mit Kürbis und Speck

20 MIN. ZUBEREITUNG • 30 MIN. GEHZEIT • 20 MIN. BACKZEIT

1 Für den Teig das Mehl in eine Schüssel sieben und in die Mitte eine Mulde drücken. Die Hefe in 5 EL lauwarmem Wasser auflösen, in die Mulde geben und mit etwas Mehl verrühren. Noch 75 ml lauwarmes Wasser, Olivenöl und Salz dazugeben und alles mit den Knethaken des Handrührgeräts zu einem glatten Teig verarbeiten. Den Teig mit Frischhaltefolie bedeckt an einem warmen Ort etwa 30 Minuten gehen lassen. Den Backofen auf 250 °C vorheizen. Ein Backblech mit Öl einfetten.

2 Für den Belag den Schmand mit Curry oder Kürbisgewürz, Chilisalz, 1 Prise Zucker und Orangenschale glatt rühren. Den Kürbis waschen, die Kerne mit einem Löffel entfernen und den Kürbis in lange, dünne Scheiben hobeln oder schneiden. Die Kürbisscheiben salzen und wenige Minuten ziehen lassen. Die Zwiebeln schälen, in dünne Ringe schneiden, ebenfalls salzen und wenige Minuten ziehen lassen. Den Speck in etwa 1 cm breite Streifen schneiden.

3 Den Teig auf der leicht bemehlten Arbeitsfläche mit dem Nudelholz auf Blechgröße ausrollen, auf das Blech legen. Den Schmand gleichmäßig auf dem Teig verstreichen, dabei einen 1 bis 2 cm breiten Rand frei lassen. Kürbisscheiben auf den Schmand legen, dann Zwiebeln und Speck darüberstreuen. Den Flammkuchen im Ofen im unteren Drittel 15 bis 20 Minuten goldbraun backen.

4 Zum Servieren den Flammkuchen aus dem Ofen nehmen, mit den Schnittlauchröllchen bestreuen und in Stücke schneiden.

TIPP *Durch das Salzen der Kürbisscheiben und Zwiebeln tritt Flüssigkeit aus, wodurch sie bei der starken Hitze im Ofen nicht so schnell verbrennen und schön saftig bleiben. Ggf. ausgetretene Flüssigkeit von den Zwiebeln mit Küchenpapier abtupfen.*

Zutaten

FÜR 1 BACKBLECH

FÜR DEN TEIG:

250 g Mehl
8 g frische Hefe
2 EL mildes Olivenöl
1 TL Salz
Öl für das Blech
Mehl zum Arbeiten

FÜR DEN BELAG:

300 g Schmand
1 TL mildes Currypulver oder Kürbisgewürz
mildes Chilisalz
Zucker
½ TL abgeriebene unbehandelte Orangenschale
300 g Hokkaidokürbis
Salz
1–2 Zwiebeln
250 g Frühstücksspeck (in Scheiben)
2 EL Schnittlauchröllchen

Kartoffeln
mit Matjes-Curry-Dip

10 MIN. ZUBEREITUNG • 1 STD. GARZEIT

Zutaten
FÜR 8 STÜCK

FÜR DIE KARTOFFELN:

8 mittelgroße vorwiegend festkochende Kartoffeln

Salz

FÜR DEN DIP:

1 geh. EL mildes Currypulver

6 EL Gemüsebrühe

500 g griech. Joghurt (10 % Fett)

1 TL abgeriebene unbehandelte Limettenschale

mildes Chilisalz

Zucker

einige Spritzer Limettensaft

1 säuerlicher Apfel (z. B. Elstar)

2 Gewürzgurken

4 Frühlingszwiebeln

400 g Matjesfilets

1 Für die Kartoffeln den Backofen auf 200 °C vorheizen. Die Kartoffeln gründlich waschen, trocken tupfen und mit etwas Salz jeweils in ein Blatt Alufolie wickeln. Die Kartoffeln im Ofen auf dem Ofengitter auf der mittleren Schiene 50 bis 60 Minuten weich garen.

2 Inzwischen für den Dip das Currypulver in einem kleinen Topf in der Brühe erwärmen und verrühren. Den Joghurt mit dem angerührten Currypulver und der Limettenschale in einer Schüssel glatt rühren. Den Curryjoghurt mit Chilisalz, 1 Prise Zucker sowie Limettensaft kräftig abschmecken.

3 Den Apfel waschen, vierteln und das Kerngehäuse entfernen. Die Apfelviertel nochmals längs halbieren und ebenso wie die Gewürzgurken in maximal ½ cm dicke Scheiben schneiden. Die Frühlingszwiebeln putzen, waschen und in dünne Ringe schneiden. Die Matjesfilets in 1 bis 1½ cm breite Stücke schneiden.

4 Die Apfel- und Gewürzgurkenscheiben mit Frühlingszwiebeln und Matjesstücken unter den Curryjoghurt rühren. Den Dip nochmals abschmecken.

5 Zum Servieren die Ofenkartoffeln aus dem Ofen nehmen und kurz abkühlen lassen. Dann kreuzweise einschneiden und die Alufolie entfernen. Die Kartoffeln auf Teller setzen und mit dem Matjes-Curry-Dip füllen. Nach Belieben mit Dillspitzen garnieren.

Gebackene Weißwurstradln

mit Linsensalat

20 MIN. ZUBEREITUNG • 2 STD. EINWEICHZEIT • 30 MIN. GARZEIT

Zutaten
FÜR 4–8 PERSONEN

FÜR DEN SALAT:

200 g Berglinsen (kleine grüne Linsen)
1 Zwiebel
50 g Frühstücksspeck (in Scheiben)
1 TL Tomatenmark
1 Lorbeerblatt
400 ml Hühnerbrühe
je 50 g Karotte, Knollensellerie und Lauch
getrockneter Majoran
4 EL Aceto balsamico
1 EL Öl
2 EL braune Butter (siehe Seite 83)
mildes Chilisalz • Zucker
1 Scheibe Ingwer
1 Scheibe Knoblauch
1 Streifen unbehandelte Orangenschale
1 kleiner Splitter Zimtrinde

FÜR DIE WURSTRADLN:

6 Weißwürste
2 Eier
Salz • Pfeffer aus der Mühle
100 g doppelgriffiges Mehl (Instant- oder Spätzlemehl)
100 g Weißbrotbrösel
Öl zum Frittieren

1 Für den Salat die Linsen mit kaltem Wasser bedeckt etwa 2 Stunden einweichen. Inzwischen die Zwiebel schälen und in feine Würfel schneiden. Den Speck ebenfalls in kleine Würfel schneiden.

2 Den Speck in einer tiefen Pfanne ohne Fett bei milder Hitze sanft braten. Sobald etwas Fett austritt, die Zwiebel hinzufügen und beides hell andünsten. Die Linsen in ein Sieb abgießen und abtropfen lassen, dann zum Speck geben. Das Tomatenmark unterrühren und etwas mitdünsten. Das Lorbeerblatt und die Brühe dazugeben und die Linsen noch etwa 20 Minuten köcheln lassen.

3 Währenddessen das Gemüse putzen, schälen bzw. waschen und separat in kleine Würfel schneiden. Karotte und Sellerie nach etwa 10 Minuten Garzeit unter die Linsen rühren, mit 1 Prise Majoran würzen. Lauch wenige Minuten vor Ende der Garzeit hinzufügen. Die Linsen vom Herd nehmen und etwas abkühlen lassen. Dann mit Essig, Öl, brauner Butter, Chilisalz und 1 Prise Zucker abschmecken. Ingwer, Knoblauch, Orangenschale und Zimt hinzufügen, im Salat 5 bis 10 Minuten ziehen lassen und danach wieder entfernen.

4 Inzwischen von den Würsten die Haut abziehen, die Würste schräg in 1½ bis 2 cm dicke Scheiben schneiden. Eier in einem tiefen Teller verquirlen, salzen und pfeffern. Mehl und Weißbrotbrösel ebenfalls jeweils in einen tiefen Teller geben. Wurstscheiben nacheinander erst im Mehl wenden, dann durch die verquirlten Eier ziehen und zuletzt mit den Weißbrotbröseln panieren.

5 Das Öl fingerhoch in einer Pfanne erhitzen. Die Wurstscheiben darin bei mittlerer Hitze auf beiden Seiten goldbraun braten. Herausnehmen und auf Küchenpapier abtropfen lassen. Zum Servieren Linsensalat mit Wurst auf vorgewärmten Tellern anrichten.

Rostbratwürstel
auf Weißkrautsalat

10 MIN. ZUBEREITUNG • 30 MIN. ZIEHZEIT

Zutaten
FÜR 4–8 PERSONEN

FÜR DEN SALAT:

1 kleiner Kopf junger Weißkohl (Weißkraut, ca. 500 g)
ca. 1 TL Salz
ca. 1 TL Zucker
2 EL Weißweinessig
2 EL mildes Salatöl
1 EL Petersilienblätter (frisch geschnitten)
mildes Chilisalz
¼ – ½ TL gemahlener Kümmel

FÜR DIE WÜRSTEL:

½ TL Öl
16 – 24 Rostbratwürstel

1 Für den Salat vom Weißkohl die äußeren Blätter entfernen. Den Kohl vierteln und auf der Gemüsereibe in feine Streifen hobeln, dabei den Strunk übrig lassen und entfernen. Das Weißkraut in einer Schüssel mit Salz und Zucker bestreuen, locker untermischen und 10 bis 15 Minuten ziehen lassen.

2 Anschließend Essig und Öl untermischen, die Petersilie unterheben und den Salat mit Chilisalz und Kümmel abschmecken. Weitere 10 bis 15 Minuten ziehen lassen und zum Servieren nochmals abschmecken.

3 Inzwischen für die Würstel eine große Pfanne bei mittlerer Temperatur erhitzen und das Öl mit einem Pinsel darin verstreichen. Dann die Würstel auf beiden Seiten goldbraun braten.

4 Zum Servieren den Krautsalat auf Tellern anrichten und die Würstel daraufsetzen.

VARIANTE *Nach Belieben* ***5 Radieschen*** *und* ***1 Karotte*** *putzen und waschen bzw. schälen, dann auf der Gemüsereibe in Streifen hobeln und mit* ***1 EL Schnittlauchröllchen*** *unter den Krautsalat mischen.*

Zum Würzen *können Sie auch eine Mischung aus* ***je ½ TL Fenchelkörnern, schwarzen Pfefferkörnern, Korianderkörnern*** *und* ***ganzem Kümmel*** *in eine Gewürzmühle füllen und den Salat damit anstelle des gemahlenen Kümmels würzen.*

Backhendl

auf gekräutertem Kartoffelsalat

1 STD. 15 MIN. ZUBEREITUNG

1 Für den Salat die Kartoffeln waschen und in einem Topf in Salzwasser weich garen. Abgießen und kurz ausdampfen lassen. Anschließend möglichst heiß pellen, in dünne Scheiben schneiden und in einer Schüssel noch heiß weiter verarbeiten. Die Zwiebel schälen und in feine Würfel schneiden.

2 Für das Pesto alle Kräuter waschen und trocken tupfen. Petersilie etwa 1 Minute in kochendem Salzwasser blanchieren. In ein Sieb abgießen, kalt abschrecken und abtropfen lassen. Mit den Händen das restliche Wasser ausdrücken, Petersilie klein schneiden. Übrige Kräuter fein hacken und mit Petersilie, Mandeln, Knoblauch, Ingwer und Zitronenschale in den Blitzhacker geben. Brühe und Öl hinzufügen, alles mit Chilisalz würzen und fein pürieren.

3 Für das Dressing die Brühe erhitzen, mit Essig und Senf verrühren, mit Chilisalz und 1 Prise Zucker würzen und 1 Handvoll Kartoffeln mit dem Stabmixer untermixen. Das Dressing nach und nach unter die übrigen Kartoffeln mischen, bis die Flüssigkeit vollständig gebunden ist. Anschließend Zwiebelwürfel mit 3 EL Pesto (Rest anderweitig verwenden) untermischen, Salat nochmals abschmecken. Zum Servieren Endivien und Radieschen unterheben.

4 Für das Backhendl den Joghurt mit dem Gewürz glatt verrühren, salzen. Das Fleisch waschen, trocken tupfen und schräg in je 3 bis 4 Stücke schneiden, mit dem Würzjoghurt mischen. Die Weißbrotbrösel in einen tiefen Teller geben und das Fleisch darin wenden, die Panade nicht zu fest andrücken. In einer Pfanne fingerhoch Öl gießen und erhitzen. Das Fleisch darin bei mittlerer Hitze auf beiden Seiten je etwa 3 Minuten goldbraun braten. Herausnehmen, auf Küchenpapier abtropfen lassen und mit dem Salat auf Teller verteilen. Nach Belieben mit Kräuterblättern und Zitrone garnieren.

Zutaten
FÜR 4–8 PERSONEN

FÜR DEN SALAT:

1 kg festkochende Kartoffeln • Salz
1 kleine rote Zwiebel
350 ml Hühnerbrühe • 3 EL Weißweinessig
1–2 TL Dijon-Senf
mildes Chilisalz • Zucker
2 Endivienblätter (in ½ cm breiten Streifen)
5 Radieschen (in dünnen Scheiben)

FÜR DAS PESTO:

50 g Petersilie (Blätter und feine Stiele)
30 g gemischte Kräuter (z. B. Bärlauch, Dill, Kerbel, Schnittlauch – in der Saison)
Salz
1 EL geröstete Mandelblättchen
½–1 kleine Knoblauchzehe (in Scheiben)
1 Msp. fein geriebener Ingwer
1 Msp. abgeriebene unbehandelte Zitronenschale
50 ml Hühnerbrühe
5 EL Öl • mildes Chilisalz

FÜR DAS BACKHENDL:

150 g Naturjoghurt
1 EL Brathähnchengewürz (ersatzweise siehe Seite 33)
Salz
4 Hähnchenbrustfilets (à ca. 150 g)
150 g Weißbrotbrösel
Öl zum Braten

Rehpflanzerl
auf Blaukrautsalat

30 MIN. ZUBEREITUNG

1 Für den Salat vom Blaukraut die äußeren Blätter entfernen, den Kohl mit einem Messer in feine Streifen schneiden oder auf der Gemüsereibe fein hobeln, dabei den Strunk übrig lassen und entfernen. Das Blaukraut in einer Schüssel mit Preiselbeeren und Orangensaft mischen.

2 Für die Vinaigrette den Essig mit etwas Salz, Pfeffer, Zucker und Öl verrühren und mit dem Blaukraut mischen. Den Blaukrautsalat mindestens 10 Minuten ziehen lassen, dann nochmals mit Salz und Pfeffer abschmecken.

3 Inzwischen für die Pflanzerl das Brot in der Milch einweichen. Die Zwiebel schälen und in kleine Würfel schneiden. Die Zwiebelwürfel in einer Pfanne mit 80 ml Wasser weich garen, bis die Flüssigkeit eingekocht ist. Die Eier mit dem Senf verquirlen und mit Chilisalz, Wildgewürz, Orangenschale und Ingwer verrühren.

4 Das Hackfleisch mit dem eingeweichten Brot, den verquirlten Eiern, Preiselbeeren, Zwiebelwürfeln und Petersilie mischen. Aus der Masse mit angefeuchteten Händen 16 bis 20 kleine Pflanzerl formen und in einer Pfanne in etwas Öl bei mittlerer Hitze auf beiden Seiten goldbraun braten. Herausnehmen und auf Küchenpapier abtropfen lassen.

5 Zum Servieren das Blaukraut auf kleinen vorgewärmten Tellern anrichten und die Pflanzerl daraufsetzen.

Zutaten
FÜR 4–8 PERSONEN

FÜR DEN SALAT:

600 g Rotkohl (Blaukraut)

2 EL Preiselbeeren (aus dem Glas; ersatzweise Johannisbeergelee)

100 ml Orangensaft (frisch gepresst)

5 EL Rotweinessig

Salz • Pfeffer aus der Mühle

1 TL Zucker • 4 EL neutrales Öl

FÜR DIE PFLANZERL:

100 g entrindetes Toastbrot

100 ml Milch • 1 kleine Zwiebel

2 Eier • 2 TL scharfer Senf

mildes Chilisalz • ½–1 TL Wildgewürz

1 Msp. abgeriebene unbehandelte Orangenschale

1 Msp. fein geriebener Ingwer

170 g Wildhackfleisch vom Reh (ersatzweise von Hirsch oder Wildschwein)

170 g Kalbshackfleisch

170 g Schweinehackfleisch

1 EL Preiselbeeren (aus dem Glas)

1 EL Petersilienblätter (frisch geschnitten)

Öl zum Anbraten

Palatschinken

mit Topfencreme und Himbeeren

20 MIN. ZUBEREITUNG • 30 MIN. RUHEZEIT • 1 STD. KÜHLZEIT

1 Für die Pfannkuchen Milch, Sahne, Zucker, Vanillemark, Zitronen- und Orangenschale in einer Schüssel verrühren. Das Mehl unterrühren, mit dem Stabmixer erst die Eier und dann die braune Butter untermixen. Den Teig etwa 30 Minuten quellen lassen.

2 Zum Ausbacken jeweils etwas Butter in einer kleinen Pfanne zerlassen und ein Viertel des Teiges mit einem Schöpflöffel hineingeben. Die Pfanne schwenken, damit sich der Teig verteilt, und den Pfannkuchen auf beiden Seiten goldbraun backen. Dann herausnehmen, etwas abkühlen lassen und auf einem Stück Frischhaltefolie beiseitelegen. Aus dem restlichen Teig 3 weitere dünne Pfannkuchen backen und ebenfalls auf Frischhaltefolie beiseitelegen.

3 Für die Creme die Gelatine in kaltem Wasser einweichen. Eigelbe mit 1 EL Zucker, 1 Prise Salz und Vanillemark in einer Metallschüssel über dem heißen Wasserbad hellschaumig aufschlagen. Die Gelatine gut ausdrücken und unter Rühren im Eierschaum auflösen, vom Herd nehmen. Quark, Zitronen- und Orangensaft, Zitronen- und Orangenschale und übrigen Zucker unterrühren. Die Sahne halbsteif schlagen und unter die Topfencreme heben. Die frischen Himbeeren verlesen, waschen und trocken tupfen. Creme in einen Spritzbeutel mit großer Lochtülle füllen. Auf das untere Drittel der Pfannkuchen je etwa 4 cm breit Creme spritzen, Himbeeren längs daraufsetzen und die Palatschinken mithilfe der Folie aufrollen. In Alufolie wickeln, überstehende Enden der Folie fest zusammendrehen. Im Kühlschrank etwa 1 Stunde ruhen lassen.

4 Für die Sauce aufgetaute Himbeeren und Zucker fein pürieren und durch ein Sieb streichen. Zum Servieren die Palatschinken auswickeln und schräg halbieren, die Sauce darum herumträufeln. Nach Belieben mit frischen Himbeeren und Puderzucker garnieren.

Zutaten
FÜR 4–8 PERSONEN

FÜR DIE PFANNKUCHEN:

100 ml Milch • 50 g Sahne

1 EL Zucker • 1 Msp. Vanillemark

je 1 Msp. abgeriebene unbehandelte Zitronen- und Orangenschale

50 g Mehl • 2 Eier

2 EL braune Butter (siehe Seite 83)

Butter zum Ausbacken

FÜR DIE CREME:

2 Blatt weiße Gelatine

2 Eigelb • 2½ EL Zucker

Salz • Mark von ¼ Vanilleschote

150 g Speisequark (Topfen)

1 TL Zitronensaft

1–2 EL Orangensaft

abgeriebene Schale von je ¼ unbehandelten Zitrone und Orange

200 g Sahne

AUSSERDEM:

125 g frische Himbeeren

100 g tiefgekühlte Himbeeren (aufgetaut)

1 EL Zucker

Asiatisch

Meine Top-Five-Zutaten

für den perfekten Asien-Genuss

ETWAS FEINES AUF DIE HAND! Ob in der Türkei oder in Shanghai, in Thailand, Vietnam oder im Nahen Osten – in ganz Asien, vom Orient bis Fernost, sind Häppchen auf die Hand der beliebteste Snack, am besten ganz frisch, von der Garküche am Straßenrand oder vom Fladenbrotbäcker ums Eck. Samosas, Pakoras, Pide oder Saté-Spieße sind typisches Streetfood – und haben auch unsere Küchen erobert. Einfach zu machen, vielseitig und gerade so klein bemessen, dass man noch jede Menge andere Dinge nebenbei genießen kann. So, wie es auch in China üblich ist: Dort kommen alle Speisen gleichzeitig auf den Tisch – und werden von allen geteilt.

FRISCHER KORIANDER

In Persien gehört ein Teller mit einem großen Bund frischem Koriander auf jede gastfreundliche Tafel. Als Vorspeise! Man zupft ihn einfach ab, genießt die duftenden Blätter pur – und das großzügig! Die ätherischen Öle des frischen Krauts stimmen den Magen auf die Mahlzeit ein. Und prägen mit ihrem unverwechselbaren Aroma wesentlich den Geschmack vieler asiatischer Gerichte, etwa von Salaten, Kurzgebratenem, Saucen und Dips. Warum es also nicht den Persern gleichtun?

THAI-BASILIKUM

Basilikum ist eines der wichtigsten Würzkräuter in den Küchen Indiens, Thailands und Vietnams. Die Sorten, die dort beliebt (und im Asia-Laden auch bei uns erhältlich) sind, schmecken anders als etwa unser heimisches oder mediterranes Basilikum – leicht nach Eukalyptus, Anis oder Nelken. Mit seinen grün bis auberginefarben changierenden Blättern ist Thai-Basilikum nicht nur ein Eyecatcher. Sondern auch ein perfektes Finish für Dips, Ragouts oder Salate. Einfach in einer Vase bereitstellen – so kann sich jeder individuell etwas abzupfen.

INGWER

Ganz klar – ohne Ingwer keine Asien-Küche! Jung und ganz frisch, mit sehr dünner, fast glasig durchscheinender Haut schmeckt er am allerbesten: Seine feine Schärfe und seine zart blumigen und nach Zitrusfrüchten duftenden Noten kommen in dieser Qualität am ausgeprägtesten zur Geltung. Am besten im Asia-Laden danach fragen! Fürs Büfett hält man die Knollen gewaschen und ungeschält am Stück bereit – und legt ein scharfes Messer dazu, damit sich jeder davon abschneiden kann, so viel er möchte!

GRANATAPFELKERNE

Die ursprüngliche Heimat des Granatapfels ist der Mittlere Osten – sein Siegeszug in der Küche vollzog sich vor langer Zeit in zwei Richtungen, nach Westen und Osten. Vor allem in den Küchen des östlichen Mittelmeers ist er beliebt. Auch bis weit nach Persien und Indien hinein prägt er landestypische Spezialitäten – hier wie dort vor allem pikante Speisen! Ihn zu schälen, ist nicht schwer – einfach vierteln und die glänzenden Perlen vorsichtig von Hand über einer Schüssel herausschälen. Keine große Sache! Und ein Augenschmaus auf dem Tisch!

ERDNÜSSE

Erdnüsse stammen ursprünglich aus den Anden – und kamen nach der Entdeckung Amerikas durch europäische Seehändler nach Asien. Einige Länder Fernosts zählen heute zu den größten Erdnussproduzenten weltweit. Kein Wunder, dass die so herrlich nach brauner Butter duftende und schmeckende Nuss die dortigen Küchen erobert hat. Geschält, geröstet und leicht gesalzen, harmonieren die Nüsse perfekt mit vielen asiatischen Speisen. Wer mag, stellt ein Schüsselchen ganze und eines mit gehackten Nüssen bereit – einmal zum Knabbern, einmal als crunchiges Topping!

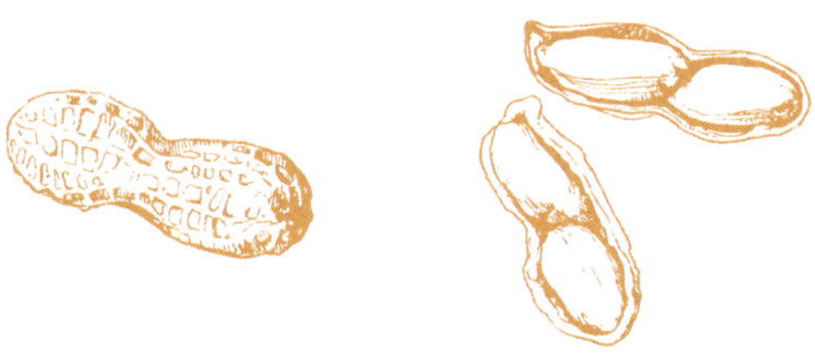

Bunte Karotten und Rettich

süßsauer

10 MIN. ZUBEREITUNG • 30 MIN. KÜHLZEIT • 1 TAG MARINIERZEIT

Zutaten

FÜR CA. 1 KG GEMÜSE

2 EL Salz

4 EL Zucker

140 ml Weißweinessig

350 g weißer Rettich (Daikon-Rettich)

350 g große Karotten

350 g gelbe Karotten

1 In einem Topf 1 l Wasser mit dem Salz, dem Zucker und dem Essig einmal aufkochen. Anschließend den Topf vom Herd nehmen und den Sud etwa 30 Minuten abkühlen lassen.

2 Währenddessen den Rettich und die Karotten putzen und schälen, dann in etwa ½ × 5 cm lange Stifte oder eine beliebige andere Form schneiden. Das Wurzelgemüse in einer Schüssel mit so viel abgekühltem Sud übergießen, dass es damit vollständig bedeckt ist.

3 Das Wurzelgemüse im Kühlschrank 24 Stunden, am besten über Nacht, durchziehen lassen. Es hält sich gekühlt 1 bis 2 Tage und passt zu jeglicher Art Brotzeit sowie auf Büfetts.

TIPP *Sauer eingelegtes Wurzelgemüse ist in Asien sehr beliebt. In Vietnam kommt es beispielsweise in Reisnudelsalat und die Füllung von „**Banh mi**", einem Portionsbaguette, das sich dort während der französischen Kolonialzeit etabliert hat. Die **Baguettehälften** werden auf beiden Seiten mit **Mayonnaise** bestrichen und mit **1 Teil gebratenem Schweinefleisch, Speck, Hähnchenfleisch** oder **Tofu** und **1 Teil süßsaurem Gemüse** gefüllt. Zusätzlich kommen feine **Chilischeiben**, dünne **Salatgurkenscheiben, Minze-** und **Korianderblätter, Thai-Basilikum** und **andere Kräuter** in das Baguette.*

Sommerrollen
mit Garnelen und Chili-Fisch-Sauce

1 STD. ZUBEREITUNG

Zutaten
FÜR 8 STÜCK

FÜR DIE SOMMERROLLEN:

1 Handvoll Reisnudeln • Salz

300 g Riesengarnelen

1 rote Peperonischote

2 Frühlingszwiebeln

1 Karotte

3 Handvoll frische Kräuterblätter (z. B. Koriandergrün, Minze, Shiso-Kresse, Thai-Basilikum)

8 große Reisblätter (à ca. 20 cm Durchmesser)

FÜR DIE SAUCE:

2 ½ EL Limettensaft

2 EL Fischsauce

1 schwach geh. EL Zucker

1 Knoblauchzehe (in feinen Würfeln)

1 TL frische rote Chilischote (entkernt, in feinen Würfeln)

3 dünne Karottenscheiben (in feinen Streifen)

10 Blätter Koriandergrün

1 Für die Sommerrollen die Reisnudeln in lauwarmem Wasser etwa 10 Minuten einweichen. Abgießen und in Salzwasser noch 2 bis 3 Minuten garen. In ein Sieb abgießen, kalt abschrecken, gut abtropfen lassen und auf 3 bis 4 cm Länge schneiden.

2 Garnelen bis auf den Schwanz schälen, am Rücken entlang nicht zu tief einschneiden und den Darm herausziehen. In einem Topf Salzwasser aufkochen, vom Herd nehmen und die Garnelen darin 2 bis 3 Minuten knackig durchziehen lassen. In ein Sieb abgießen, etwas abkühlen lassen, längs in 4 dünne Scheiben schneiden.

3 Die Peperoni halbieren, putzen, waschen und längs in feine Streifen schneiden. Die Frühlingszwiebeln putzen, waschen und schräg in dünne Ringe schneiden. Die Karotte putzen, schälen, halbieren und in feine Streifen schneiden. Die Kräuter waschen und trocken tupfen.

4 Jedes Reisblatt einmal kurz in kaltes Wasser tauchen, auf ein sauberes Küchentuch legen und kurz nachziehen lassen. Dann das untere Drittel jeweils mit einem Achtel von allen Zutaten belegen: zuerst eine Reihe Garnelenscheiben auflegen, dabei links und rechts einen Rand von etwa 3 cm frei lassen. Dann darauf die Reisnudeln, Peperoni-, Karottenstreifen, Frühlingszwiebeln und Kräuterblätter verteilen. Anschließend die Reisblätter von unten über die Füllung klappen und die Ränder seitlich einschlagen. Dann das Reispapier samt Füllung ganz aufrollen und die Rollen halbieren.

5 Für die Sauce Limettensaft, Fischsauce, Zucker, 4 EL Wasser, Knoblauch und Chili in einer kleinen Schüssel gründlich verrühren. Karotten und Korianderblätter dazugeben und die Sauce zu den Sommerrollen servieren.

Indische Pakoras

Gemüse in Kichererbsenteig mit Schwarzkümmel

40 MIN. ZUBEREITUNG

1 Für den Ausbackteig das Kichererbsenmehl mit Backpulver und Kurkuma in eine Schüssel sieben. Schwarzkümmel, Chilisalz und Pfeffer hinzufügen. Mit einem Schneebesen nach und nach 400 ml kaltes Wasser unterrühren, zuletzt das Öl untermischen.

2 Für die Raita die Koriander- und Minzeblätter waschen, trocken tupfen und sehr fein schneiden. Mit dem Joghurt, Limettenschale und -saft mischen, den Dip mit Chilisalz sowie je 1 Prise Zucker und Garam Masala würzen.

3 Für das Gemüse die Brokkoli- und Blumenkohlröschen putzen und waschen. Die Karotte putzen, schälen und schräg in ½ cm dicke Scheiben schneiden. Die Zucchini putzen, waschen und in ½ bis 1 cm dicke Scheiben schneiden. Die Paprikaschote längs halbieren, putzen, waschen und in etwa 1 cm breite Stücke schneiden. Die Zwiebel schälen und in Spalten schneiden. Brokkoli, Blumenkohl und Karotte nacheinander in kochendem Salzwasser je 2 bis 3 Minuten blanchieren. In ein Sieb abgießen, kalt abschrecken, abtropfen lassen und trocken tupfen.

4 Reichlich Öl in einem großen Topf oder einer Fritteuse auf 160 °C erhitzen. Die Gemüsestücke durch den Kichererbsenteig ziehen und im Öl portionsweise 4 bis 5 Minuten goldbraun backen. Herausnehmen, auf Küchenpapier abtropfen lassen und mit der Koriander-Minz-Raita servieren.

TIPP *„Pakora“ nennt sich das gebackene Gemüse in Indien, wo es oft als Beilage serviert wird, aber auch als Snack für den kleinen Hunger zwischendurch dient. Pakoras lassen sich mit allen möglichen Gemüsesorten herstellen, beliebt sind zum Beispiel auch Kartoffeln, Pilze, Auberginen oder Kürbis.*

Zutaten
FÜR 4–8 PERSONEN

FÜR DEN AUSBACKTEIG:

300 g Kichererbsenmehl

2 TL Backpulver

1 TL gemahlene Kurkuma

1 EL ganzer Schwarzkümmel

2 TL mildes Chilisalz

Pfeffer aus der Mühle

2 EL Öl

FÜR DIE RAITA:

je 1 EL Koriandergrün und Minzeblätter (frisch geschnitten)

300 g Naturjoghurt

1 Msp. abgeriebene unbehandelte Limettenschale

1 EL Limettensaft

mildes Chilisalz • Zucker

Garam Masala (ersatzweise mildes Currypulver)

FÜR DAS GEMÜSE:

je 100 g Brokkoli- und Blumenkohlröschen

1 Karotte

1 Zucchini (ca. 300 g)

1 Paprikaschote

1 rote Zwiebel

Salz

Öl zum Frittieren

Samosas mit Gurken-Raita

Indische Teigtaschen

1 STD. ZUBEREITUNG • 25 MIN. RUHEZEIT

Zutaten
FÜR 6 PERSONEN

FÜR DEN TEIG:

300 g Mehl
1 TL gemahlene Kurkuma • Salz
1 EL zerlassenes Ghee (ersatzweise braune Butter, siehe Seite 83)
4 EL Öl

FÜR DIE FÜLLUNG:

250 g mehligkochende Kartoffeln
Salz • 120 g tiefgekühlte Erbsen
1 Zwiebel
3 EL Ghee (ersatzweise braune Butter)
je 1 TL Dillspitzen und Koriandergrün (frisch geschnitten)
mildes Chilisalz
frisch geriebene Muskatnuss
1 TL mildes Currypulver
Mehl für die Arbeitsfläche
Öl zum Frittieren

FÜR DIE RAITA:

½ Salatgurke • Salz
300 g Naturjoghurt
1 Msp. Garam Masala (ersatzweise mildes Currypulver)
je 2 TL Minze- und Koriandergrün (frisch geschnitten)
¼ TL fein geriebener Ingwer
mildes Chilisalz

1 Für den Teig Mehl, Kurkuma und 1 TL Salz in einer Schüssel mit Ghee mit den Fingern 1 bis 2 Minuten verkrümeln. Öl und 125 ml warmes Wasser dazugeben und alles glatt verkneten. Auf einem Teller mit Frischhaltefolie bedeckt 15 bis 20 Minuten ruhen lassen.

2 Inzwischen für die Füllung Kartoffeln waschen und in Salzwasser weich garen. Abgießen und kurz ausdampfen lassen, heiß pellen und durchpressen. Erbsen in Salzwasser 1 bis 2 Minuten blanchieren, in ein Sieb abgießen, kalt abschrecken und abtropfen lassen. Zwiebel schälen und fein würfeln, in einer Pfanne in 1 EL Ghee bei mittlerer Hitze glasig dünsten. Erbsen dazugeben und kurz erwärmen. Mit Kartoffeln und übrigem Ghee mischen. Mit Dill, Koriander, Chilisalz, Muskatnuss und Curry würzen.

3 Den Teig in 6 Portionen teilen, jeweils zur Kugel formen und mit Frischhaltefolie bedeckt etwa 5 Minuten ruhen lassen. Teigkugeln auf der leicht bemehlten Arbeitsfläche oval (à ca. 20 × 14 cm) ausrollen, quer halbieren, Teigränder mit Wasser bestreichen und je 1 EL Füllung daraufsetzen. Den Teig so über die Füllung schlagen, dass die geraden Schnittkanten und beide runden Teigseiten aufeinanderliegen, alles mit einer Gabel gut andrücken. Reichlich Öl in einem großen Topf oder einer Fritteuse auf 160 °C erhitzen. Teigtaschen darin portionsweise etwa 7 Minuten goldbraun backen. Herausnehmen, auf Küchenpapier abtropfen lassen.

4 Für die Raita die Gurke schälen, längs halbieren und entkernen. Auf der Gemüsereibe grob raspeln, salzen und 5 bis 10 Minuten ziehen lassen. Dann die Raspel in einem Sieb gut ausdrücken und mit dem Joghurt mischen, die Raita mit Garam Masala, Kräutern, Ingwer und Chilisalz würzen. Zum Servieren die Samosas auf einer Platte anrichten und die Raita dazu reichen.

Indonesische Saté-Spieße
mit Erdnusssauce

25 MIN. ZUBEREITUNG

1 Für die Spieße die Hähnchenbrustfilets waschen und trocken tupfen. Längs in etwa 16 möglichst gleichmäßig dünne Scheiben schneiden. Die Fleischstreifen wellenförmig auf die Schaschlikspieße fädeln. Das Fleisch sollte dabei gestreckt werden, sodass es flach am Spieß zu liegen kommt.

2 Eine große Pfanne bei mittlerer Temperatur erhitzen, das Öl mit einem Pinsel darin verstreichen und die Spieße auf beiden Seiten jeweils 2 bis 3 Minuten durchbraten. Mit Chilisalz würzen.

3 Für die Sauce die Brühe in einer großen tiefen Pfanne erhitzen. Die Speisestärke mit 2 EL kaltem Wasser glatt rühren, in die Brühe geben und leicht köcheln lassen, bis diese sämig bindet.

4 Die Pfanne vom Herd nehmen und das Erdnussmus zur Sauce hinzufügen. Sojasauce und Sesamöl mit Knoblauch, Ingwer, Zitronenschale und 1 Prise Chiliflocken dazugeben, die Sauce noch 1 bis 2 Minuten ziehen lassen und nochmals abschmecken.

5 Zum Servieren die Spieße auf kleine Teller oder Gläser verteilen und die Sauce zum Dippen dazu reichen.

TIPP *Braune Butter, auch Nussbutter genannt, können Sie leicht selbst herstellen: einfach die gewünschte Menge Butter in einem kleinen Topf bei mittlerer Hitze langsam erwärmen, bis sie goldbraun ist und ein nussiges Aroma hat. Durch ein mit Küchenpapier ausgelegtes Sieb gießen und abkühlen lassen. Zugedeckt hält sich braune Butter im Kühlschrank mehrere Wochen – sie wird dabei fest wie Butterschmalz, kann aber jederzeit durch Erwärmen wieder verflüssigt werden.*

Zutaten
FÜR 16 STÜCK

FÜR DIE SPIESSE:

2 Hähnchenbrustfilets (à ca. 120 g)
1 TL Öl
16 Schaschlikspieße
mildes Chilisalz

FÜR DIE SAUCE:

300 ml Hühnerbrühe
1 TL Speisestärke
100 g Erdnussmus (geröstet)
3 EL helle Sojasauce
1 TL Sesamöl
1 Msp. fein geriebener Knoblauch
1 TL fein geriebener Ingwer
½ TL abgeriebene unbehandelte Zitronenschale
milde Chiliflocken

Geeiste Gurkensuppe
mit eingelegtem Ingwer und Apfel

20 MIN. ZUBEREITUNG

Zutaten
FÜR 4–8 PERSONEN

2 große Salatgurken (à 450–500 g)
½ rotschaliger Apfel
1 kleine Knoblauchzehe
1 EL eingelegter Ingwer
1–2 EL milder Weißweinessig
Salz • Zucker
milde Chiliflocken
50 g Sahne
4–8 Stiele Minze

1 Die Gurken putzen, schälen und der Länge nach halbieren. Die Kerne mithilfe eines Löffels herauskratzen und die Gurkenhälften in kleine Stücke schneiden. Den Apfel waschen, halbieren und das Kerngehäuse entfernen. Ein Viertel beiseitelegen, das andere Viertel schälen und klein schneiden. Den Knoblauch schälen und fein reiben. Den Ingwer abtropfen lassen und klein schneiden.

2 Die Gurken- und Apfelstücke mit 300 ml kaltem Wasser, dem Essig und dem Knoblauch im Küchenmixer oder in einem hohen Rührbecher mit dem Stabmixer fein pürieren. Dabei, falls nötig, noch etwas Wasser hinzufügen. Den Ingwer untermixen und alles mit Salz sowie je 1 Prise Zucker und Chiliflocken würzen.

3 Die kalte Suppe in eine Schüssel oder einen Krug gießen, die Sahne unterrühren und alles nach Belieben nochmals mit Essig und Gewürzen abschmecken. Bis zum Servieren in den Kühlschrank stellen.

4 Das beiseitegelegte Apfelviertel mit Schale in etwa ½ cm große Würfel schneiden. Die Minze waschen und trocken tupfen, die oberen Spitzen abzupfen und für die Garnitur beiseitelegen. Dann die übrigen Blätter abzupfen und fein hacken.

5 Zum Servieren die Suppe aus dem Kühlschrank nehmen, nochmals abschmecken und die gehackte Minze unterrühren. Die Gurkensuppe auf Tassen oder Gläser verteilen, mit den Apfelwürfeln bestreuen und mit den Minzespitzen garnieren.

Fladenbrote
mit Zatar und Hummus

40 MIN. ZUBEREITUNG • 1 STD. 20 MIN. GEHZEIT • 10 MIN. BACKZEIT

1 Für den Hummus die Kichererbsen in ein Sieb abgießen und abtropfen lassen. Anschließend in einem Topf in ausreichend Wasser etwa 15 Minuten noch weicher garen. In ein Sieb abgießen, abtropfen und abkühlen lassen. Die Eiswürfel etwas antauen lassen und zerstoßen. Die Kichererbsen im Blitzhacker erst grob pürieren (damit keine Klümpchen entstehen). Dann die Eiswürfel nach und nach dazugeben und alles so lange mixen, bis eine cremige Paste entstanden ist. Dabei das Tauwasser ebenfalls verwenden. Zuletzt den Zitronensaft mit Salz verrühren und untermixen, dann Tahin, Frischkäse, Knoblauch und Ingwer unterrühren.

2 Für die Fladenbrote die Hefe in der lauwarmen Milch auflösen. Das Mehl in eine Schüssel sieben, Hefemilch, Zucker, Salz und 1 EL Olivenöl dazugeben, alles mit den Knethaken des Handrührgeräts zu einem glatten Teig verkneten. Den Teig zugedeckt bei Zimmertemperatur etwa 1 Stunde gehen lassen. Anschließend den Teig nochmals durchkneten, in 12 Portionen teilen und jede Portion mit wenig Mehl zu einer Kugel formen. Nebeneinander auf die Arbeitsfläche legen, zugedeckt etwa 20 Minuten gehen lassen. Backofen auf 200 °C vorheizen. Zwei Backbleche mit Backpapier belegen.

3 Jede Teigkugel auf der leicht bemehlten Arbeitsfläche mit dem Nudelholz zu einem Fladen (à ca. 10 cm Durchmesser) ausrollen. Nebeneinander auf die Bleche legen und mit einer Gabel mehrmals einstechen. Zatar mit 3 EL Olivenöl verrühren, mit 1 Prise Chilisalz würzen und gleichmäßig auf die Fladen verteilen, dabei einen Rand von 1 cm frei lassen. Fladen im Ofen auf der mittleren Schiene etwa 10 Minuten hell backen. Herausnehmen, mit dem restlichen Olivenöl beträufeln und lauwarm abkühlen lassen. Zum Servieren den Hummus auf Schalen verteilen, mit Olivenöl beträufeln und mit Sesam bestreuen. Die Fladenbrote dazu reichen.

Zutaten
FÜR 4–8 PERSONEN

FÜR DEN HUMMUS:

170 g Kichererbsen (aus dem Glas)

3–4 Eiswürfel (je nachdem, wie stark die Kichererbsen Flüssigkeit aufnehmen)

1 TL Zitronensaft

½ TL Salz

2 EL helles Tahin (Sesampaste)

30 g Frischkäse (Doppelrahmstufe)

je 1 Msp. fein geriebener Knoblauch und Ingwer

2–3 EL mildes Olivenöl

geröstete helle und dunkle Sesamsamen zum Bestreuen

FÜR DIE FLADENBROTE:

½ TL frische Hefe

150 ml lauwarme Milch

250 g Mehl

1 TL Zucker (5 g)

1 TL Salz (5 g)

7–8 EL mildes Olivenöl

Mehl zum Arbeiten

25 g Zatar (orient. Kräutermischung)

mildes Chilisalz

Schafskäse im Weinblatt

auf Bohnen-Tomaten-Salat

35 MIN. ZUBEREITUNG

Zutaten

FÜR 4–8 PERSONEN

FÜR DEN SALAT:

2 Tomaten

je ¼ TL getrocknetes Bohnenkraut, Oregano und Thymian

2 EL heiße Gemüsebrühe

2 EL Rotweinessig

½ fein geriebene Knoblauchzehe

1 Msp. fein geriebener Ingwer

2 EL Olivenöl

mildes Chilisalz

100 g breite Bohnen • Salz

FÜR DIE WEINBLÄTTER:

16 eingelegte große Weinblätter

400 g Feta (Schafskäse)

1 EL Öl

Zatar (orient. Kräutermischung)

AUSSERDEM:

2–3 EL mildes Olivenöl

1 EL Zatar

mildes Chilisalz

1 Für den Salat die Tomaten waschen und in kleine Würfel schneiden, dabei die Stielansätze entfernen und die Kerne auslösen. Die Kerne im Blitzhacker pürieren, durch ein Sieb streichen und den Saft auffangen, die Reste entfernen. Für das Dressing Bohnenkraut, Oregano und Thymian mit der heißen Brühe verrühren und etwa 2 Minuten ziehen lassen. Mit Tomatenkernsaft, Essig, Knoblauch, Ingwer und Olivenöl verrühren und mit Chilisalz kräftig würzen.

2 Die Bohnen putzen, waschen und schräg in ½ bis 1 cm breite Stücke schneiden. In einem Topf in Salzwasser etwa 8 Minuten weich garen, in ein Sieb abgießen, kalt abschrecken und abtropfen lassen. Mit Tomaten und Dressing mischen, bei Zimmertemperatur 10 Minuten ziehen lassen, zum Servieren nochmals abschmecken.

3 Inzwischen die Weinblätter aus der Lake nehmen, vorsichtig auseinanderrollen und kurz kalt waschen. In eine Schüssel mit kaltem Wasser legen und die Blätter nach 5 bis 10 Minuten vorsichtig voneinander lösen. Dann in kochendem Wasser ½ bis 1 Minute blanchieren, in ein Sieb abgießen, kalt abschrecken und abtropfen lassen. Jedes Blatt vollständig entfaltet auf ein sauberes Küchentuch legen, trocken tupfen und den harten Stiel entfernen.

4 Den Feta in 16 rechteckige Stücke (à 1 bis 1½ cm breit) schneiden und jedes Stück kompakt in 1 Weinblatt rollen. Die gefüllten Weinblätter in einer Pfanne im Öl bei starker Hitze erst auf der Nahtseite, dann rundum anbraten. Herausnehmen, auf Küchenpapier abtropfen lassen und mit 1 Prise Zatar bestreuen.

5 Zum Servieren 1 EL Olivenöl erwärmen. Vom Herd nehmen, Zatar und übriges Olivenöl unterrühren, mit 1 Prise Chilisalz würzen. Den Salat mit Weinblättern anrichten und mit Zatar-Öl beträufeln.

Tabbouleh mit Dorade

und Baharat-Joghurt-Dip

40 MIN. ZUBEREITUNG

Zutaten
FÜR 4–8 PERSONEN

FÜR DEN SALAT:

100 g feiner Bulgur

¼ l Hühner- oder Gemüsebrühe

2–3 Tomaten

4 kleine Frühlingszwiebeln

2 Bund Petersilie (ca. 100 g Blätter)

½ Bund Minze (ca. 10 g Blätter)

Saft von 1 Zitrone

6–8 EL mildes Olivenöl

Salz • Pfeffer aus der Mühle

FÜR DEN DIP:

2 TL Baharat (orient. Gewürzmischung, ersatzweise Harissa)

2 EL heiße Gemüsebrühe

1 EL mildes Olivenöl

200 g griech. Joghurt (10 % Fett)

mildes Chilisalz • Zucker

FÜR DEN FISCH:

4 Doradenfilets (à 100–120 g; mit Haut)

½ TL Öl

mildes Chilisalz

1 Für den Salat den Bulgur in einem Sieb so lange kalt abbrausen, bis das Wasser klar bleibt. Den Bulgur mit der Brühe in einem Topf einmal aufkochen, mit einem Blatt Backpapier bedecken und knapp unter dem Siedepunkt 15 bis 20 Minuten weich garen. Dann auf einem Backblech ausbreiten und abkühlen lassen.

2 Inzwischen die Tomaten waschen und in kleine Würfel schneiden, dabei die Stielansätze entfernen. Die Frühlingszwiebeln putzen, waschen und in dünne Ringe schneiden. Die Petersilie waschen, trocken tupfen, die Blätter abzupfen und fein hacken.

3 Für das Dressing die Minze waschen, trocken tupfen, die Blätter abzupfen und fein hacken. Mit Zitronensaft und Olivenöl verrühren, mit Salz und Pfeffer würzen. Den Bulgur in einer Salatschüssel mit Tomatenwürfeln, Frühlingszwiebeln, Petersilie und Dressing mischen. Das Tabbouleh etwas ziehen lassen, anschließend nochmals abschmecken.

4 Währenddessen für den Dip Baharat mit der heißen Brühe verrühren. Dann mit dem Olivenöl unter den Joghurt mischen und den Dip mit Chilisalz und 1 Prise Zucker würzen.

5 Für den Fisch die Doradenfilets waschen, trocken tupfen und in 1½ bis 2 cm breite Streifen schneiden. Eine große Pfanne bei mittlerer Temperatur erhitzen, das Öl mit einem Pinsel darin verstreichen und die Doradenstreifen auf der Hautseite etwa 2 Minuten anbraten. Die Fischstücke wenden, vom Herd nehmen und in der Resthitze der Pfanne 1 bis 2 Minuten saftig durchziehen lassen. Mit Chilisalz würzen. Zum Servieren das Tabbouleh auf vorgewärmten Tellern anrichten, die Doradenstreifen daraufsetzen und den Baharat-Joghurt-Dip darum herumträufeln.

Thunfischtatar aus Vietnam
mit Limetten-Kräuter-Salat

20 MIN. ZUBEREITUNG

1 Für das Tatar den Thunfisch waschen, trocken tupfen und in 6 bis 8 mm große Würfel schneiden. Mit dem Olivenöl mischen, dann Ingwereinlegeflüssigkeit, Fischsauce, Limettensaft, -schale, Senf, Chilipulver, Sesamsamen und -öl unterrühren.

2 Für den Salat die Salatblätter und die Kräuterblätter waschen und trocken tupfen bzw. schleudern. Für das Dressing das Kaffir-Limettenblatt in dünne Streifen schneiden. Die Brühe mit Kaffir-Limettenblatt, Limettensaft, Sojasauce, Olivenöl und Sesamöl verrühren, mit 1 Prise Zucker würzen.

3 Die Peperoni längs halbieren, putzen, waschen und schräg in 2 bis 3 mm dicke Streifen schneiden. In eine kleine Schüssel mit kaltem Wasser legen – dabei werden die Peperonistreifen knackig und rollen sich dekorativ ein.

4 Zum Servieren jeweils einen Anrichtering (6 bis 7 cm Durchmesser) mittig auf die Teller setzen, ein Viertel des Tatars hineinfüllen und glatt streichen. Die Salat- und Kräuterblätter mit dem Dressing mischen und um das Thunfischtatar herum verteilen. Die Peperonistreifen trocken tupfen und darüberstreuen, zuletzt alles mit den Sesamsamen bestreuen. Nach Belieben mit unbehandelten Limettenspalten garnieren.

Zutaten
FÜR 4 PERSONEN

FÜR DAS TATAR:

500 g Thunfischfilet (Sushi-Qualität)

2–3 EL mildes Olivenöl

1 EL Einlegeflüssigkeit von eingelegtem Ingwer

2 EL Fischsauce • 2 EL Limettensaft

1 TL abgeriebene unbehandelte Limettenschale

½ TL Dijon-Senf

1 Msp. mildes Chilipulver

1 TL geröstete helle Sesamsamen

einige Tropfen geröstetes Sesamöl

FÜR DEN SALAT:

2 Handvoll kleine Salatblätter (z. B. Feldsalat, Kopfsalatherzen, Mini-Mangold, Rucola)

2 Handvoll Kräuterblätter (z. B. Dill, langer Koriander, Minze, Shiso-Kresse, Thai-Basilikum)

1 Kaffir-Limettenblatt

2 EL Gemüsebrühe

1–2 TL Limettensaft

1 TL helle Sojasauce

1 TL Olivenöl

1 TL geröstetes Sesamöl • Zucker

AUSSERDEM:

½ rote Peperonischote

je 1 TL geröstete helle und dunkle Sesamsamen

Türkische Pide mit Lamm

Gefüllte Teigschiffchen mit Schwarzkümmel

25 MIN. ZUBEREITUNG • 30 MIN. GEHZEIT • 25 MIN. BACKZEIT

1 Für den Teig die Hefe in das lauwarme Wasser bröckeln und glatt rühren. Mit Mehl, Joghurt, Salz und Olivenöl in einer Schüssel zu einem glatten Teig verkneten. Den Teig in 4 Portionen teilen, nebeneinander auf ein leicht bemehltes Tablett setzen und zugedeckt an einem warmen Ort etwa 30 Minuten gehen lassen.

2 Inzwischen für die Füllung die Zwiebeln schälen, die Tomaten waschen und die Stielansätze entfernen, die Paprika halbieren, putzen und waschen. Alle 3 Gemüsesorten möglichst klein schneiden und danach mit einem großen Messer noch kleiner hacken. Beide Hackfleischsorten mit dem gehackten Gemüse, Paprikamark und Petersilie in eine Schüssel geben und gut verkneten, mit Brühpulver, Baharat, Chilisalz und Pfeffer kräftig würzen.

3 Backofen auf 225 °C vorheizen. Zwei Backbleche mit Backpapier belegen. Teiglinge auf der leicht bemehlten Arbeitsfläche mit dem Nudelholz zu dünnen, ovalen Fladen ausrollen und nebeneinander auf die Bleche legen. Die Hackmasse darauf gleichmäßig verteilen, dabei einen Rand von etwa 2 cm frei lassen. Den Rand nach innen über die Füllung klappen oder etwas einrollen, die Teigenden an den spitzen Seiten verdrehen bzw. zusammendrücken.

4 Das Eigelb verquirlen, die Teigränder damit bestreichen und mit etwas Schwarzkümmel bestreuen. Die Pide im Ofen auf der mittleren Schiene jeweils 20 bis 25 Minuten goldbraun backen, dabei zwischendurch eventuell die Bleche tauschen. Herausnehmen und vor dem Servieren kurz abkühlen lassen.

5 Zum Servieren die Pide mit Petersilie bestreuen und nach Belieben in Streifen schneiden. Wer will, kann für ein Büfett auch 8 kleine Teigschiffchen backen.

Zutaten
FÜR 4–8 PERSONEN

FÜR DEN TEIG:

½ Würfel frische Hefe (21 g)
200 ml lauwarmes Wasser
550 g Mehl • 50 g Naturjoghurt
2 TL Salz (10 g)
4 EL mildes Olivenöl
Mehl für das Tablett und zum Arbeiten

FÜR DIE FÜLLUNG:

2 Zwiebeln • 2 Tomaten
2 grüne Spitzpaprikaschoten
100 g Lammhackfleisch
100 g Rinderhackfleisch
1 EL mildes oder scharfes Paprikamark („Salça", aus dem türkischen Feinkostladen; ersatzweise Tomatenmark)
1 EL Petersilienblätter (frisch geschnitten)
1 EL Gemüsebrühpulver
1 TL Baharat (orient. Gewürzmischung; ersatzweise Harissa)
mildes Chilisalz
Pfeffer aus der Mühle

AUSSERDEM:

1–2 Eigelb
1–2 TL ganzer Schwarzkümmel
1 EL Petersilienblätter (frisch geschnitten)

Asia-Entenbrust
mit Granatapfel auf Mandarinen-Sellerie-Salat

15 MIN. ZUBEREITUNG • 50 MIN. GARZEIT

Zutaten
FÜR 4–8 PERSONEN

FÜR DIE ENTENBRUST:

2 Barbarie-Entenbrustfilets (à 350–400 g; mit Haut)

1 TL Öl • mildes Chilisalz

Pfeffer aus der Mühle

FÜR DIE GLASUR:

1 TL Speisestärke

4 EL Ahornsirup

2 EL Sake (japan. Reiswein)

2 EL helle Sojasauce

FÜR DEN SALAT:

2 Stangen Staudensellerie (mit Grün)

Salz

¼ Granatapfel (Zimmertemperatur)

4 Mandarinen (Zimmertemperatur)

½ rotschalige Birne (Zimmertemperatur)

2 EL mildes Olivenöl

½–1 TL abgeriebene unbehandelte Mandarinenschale (ersatzweise Orangenschale)

1 TL Limettensaft

Zucker

Sichuanpfeffer aus der Mühle

1 Für die Entenbrust den Backofen auf 100 °C vorheizen. Auf die mittlere Schiene ein Ofengitter und darunter ein Abtropfblech schieben. Entenbrüste waschen, trocken tupfen und die Haut bis an die Ränder rautenförmig einritzen. Eine Pfanne bei mittlerer Temperatur erhitzen, das Öl mit einem Pinsel darin verstreichen und die Entenbrüste auf der Hautseite bei mittlerer Hitze etwa 5 Minuten anbraten. Wenden, Fleisch kurz anbraten, dann im Ofen auf dem Ofengitter 40 bis 50 Minuten rosa durchziehen lassen.

2 Inzwischen für die Glasur die Speisestärke mit 1 EL kaltem Wasser glatt rühren. Ahornsirup, Sake und Sojasauce in einem kleinen Topf aufkochen, angerührte Speisestärke dazugeben und köcheln lassen, bis alles sämig bindet, vom Herd nehmen.

3 Für den Salat den Sellerie putzen und waschen. Das Grün abschneiden und beiseitelegen, die Stangen schräg in Scheiben schneiden. In kochendem Salzwasser etwa 2 Minuten blanchieren, in ein Sieb abgießen, kalt abschrecken und abtropfen lassen. Die Granatapfelkerne auslösen. 1 Mandarine halbieren und den Saft auspressen. Übrige Mandarinen schälen und in Fruchtfilets teilen. Birnenhälfte waschen, halbieren, entkernen und quer in ½ cm breite Scheiben schneiden. Für das Dressing Olivenöl mit Mandarinensaft und -schale und Limettensaft verrühren, mit je 1 Prise Salz und Zucker würzen. Das Dressing mit Sellerie und Obst mischen.

4 Zum Servieren Ente aus dem Ofen nehmen, glasieren, in Scheiben schneiden, mit Chilisalz und Pfeffer würzen. Den Salat locker auf Teller verteilen und die Entenscheiben darauf anrichten, mit Sichuanpfeffer bestreuen und mit dem Selleriegrün garnieren. Für ein Büfett die glasierten Entenbrustfilets abkühlen lassen, dann in Scheiben schneiden und mit Chilisalz würzen.

Kurkuma-Minz-Lassi

Indisches Joghurt-Mixgetränk

5 MIN. ZUBEREITUNG • 10 MIN. KÜHLZEIT

Zutaten

FÜR 4–8 PERSONEN

1 EL Gewürzmischung für Goldene Milch oder Kurkuma Latte

1 kg Naturjoghurt

10 Eiswürfel

2 EL Minzeblätter

1 TL Salz (5 g)

1 EL Omega-3-Öl (z. B. Frühstücks-Power-Öl oder Leinöl)

1 In einem Topf 100 ml Wasser erhitzen und die Gewürzmischung darin gut verrühren. Dann vom Herd nehmen und etwa 10 Minuten abkühlen lassen.

2 Danach den Joghurt mit dem angerührten Gewürz, ¼ l Wasser und den Eiswürfeln in einen Mixer geben und alles fein pürieren. (Dabei ggf. in zwei Portionen arbeiten.)

3 Die Minzeblätter waschen, trocken tupfen, fein hacken und mit dem Salz und dem Omega-3-Öl zum Lassi hinzufügen. Das Ganze nochmals sämig pürieren und zum Servieren auf vier große oder acht kleine Gläser verteilen.

4 Nach Belieben können Sie für einen süßen Lassi statt Salz auch Ahornsirup oder Honig verwenden.

VARIANTE *Sehr gut schmeckt auch ein **Mango-Lassi mit Rosenwasser.** Für 4 bis 8 Personen **1 sehr reife Mango** schälen, halbieren, das Fruchtfleisch erst auf den flachen Seiten vom Stein, dann in Stücke schneiden. Mit **700 g Naturjoghurt, 300 ml kaltem Wasser, 10 Eiswürfeln, 140 g Zucker** (ersatzweise Agavendicksaft oder ein anderes Süßungsmittel), **Saft von 1 Limette** und **1 EL Rosenwasser** in einem hohen Rührbecher mit dem Stabmixer fein pürieren. Zum Servieren 4 bis 8 frische essbare Rosenblätter (ersatzweise je 1 Prise getrocknete Rosenblüten) waschen und trocken tupfen. Den Lassi auf Gläser verteilen und mit den Rosenblättern garnieren.*

Marokkanische Pastillas

mit Apfel und Vanillesahne

25 MIN. ZUBEREITUNG • 25 MIN. BACKZEIT

1 Für die Pastillas den Backofen auf 180 °C vorheizen. Ein Backblech mit Backpapier belegen. Apfel und Birne schälen, vierteln und entkernen. Die Viertel erst in Spalten und dann in Scheiben schneiden. Die Datteln bei Bedarf entsteinen und in kleine Würfel schneiden. Von den Feigen den Stielansatz entfernen, die Feigen ebenfalls in kleine Würfel schneiden. Die Pistazien klein hacken. Den Apfel mit Birne, Datteln, Feigen, Pistazien, Zucker, Vanillezucker, Zitronensaft und Ingwer mischen.

2 Vier Filoteigblätter jeweils bis zur Mitte mit zerlassener Butter bestreichen, die andere Hälfte darüberschlagen und leicht andrücken. Jeweils ein Viertel der Apfelfüllung mittig daraufsetzen und den Teig über der Füllung zu einem Rechteck einschlagen. Die Päckchen auf der Nahtseite auf das Backblech setzen und auf der Oberseite nochmals mit etwas Butter bestreichen.

3 Das übrige Filoteigblatt zweimal jeweils zur Mitte zusammenfalten, sodass 4 Teigschichten übereinanderliegen. Aus dem Teigstapel 4 Kreise (à 6 bis 7 cm Durchmesser) ausschneiden (Reste anderweitig verwenden). Die Teigkreise einmal vom Rand bis zur Mitte einschneiden und mit der restlichen Butter bestreichen. Dann dekorativ zu Blüten eindrehen und auf die Teigpäckchen setzen. Die Pastillas im Ofen auf der mittleren Schiene 20 bis 25 Minuten goldbraun backen.

4 Inzwischen für die Vanillesahne die Sahne mit dem Vanillezucker und der Orangenschale mit den Quirlen des Handrührgeräts halbsteif schlagen. Zum Servieren die Pastillas aus dem Ofen nehmen und kurz abkühlen lassen. Dann jeweils 1 Pastilla auf einen Dessertteller setzen und mit der Vanillesahne garnieren.

Zutaten

FÜR 4 PERSONEN

FÜR DIE PASTILLAS:

1 säuerlicher Apfel (z. B. Elstar)
1 reife Birne
4 getrocknete Datteln
50 g getrocknete Feigen
2 EL Pistazienkerne
2 geh. EL Zucker
1 geh. EL Vanillezucker
1 EL Zitronensaft
½ TL fein geriebener Ingwer
5 Filoteigblätter (à ca. 40 × 35 cm, aus dem türkischen Feinkostladen; ersatzweise Strudelteigblätter)
ca. 50 g zerlassene Butter

FÜR DIE VANILLESAHNE:

100 g Sahne
1 EL Vanillezucker
1 Msp. abgeriebene unbehandelte Orangenschale

Asia-Kokos-Crème-Caramel

mit Zitronengras, Litschis und Erdbeeren

15 MIN. ZUBEREITUNG • 10 MIN. ZIEHZEIT • 45 MIN. GARZEIT • 1 STD. KÜHLZEIT

1 Für die Crème Caramel den Backofen auf 160 °C vorheizen. Auf die untere Schiene ein tiefes Backblech schieben, mit Küchenpapier belegen und 2 cm hoch kochendes Wasser einfüllen. In einem Topf 50 g Zucker bei mittlerer Hitze hell karamellisieren, auf vier Förmchen (à ca. 150 ml Inhalt) verteilen und fest werden lassen. Zitronengras putzen und in Scheiben schneiden. Kokosmilch, Milch, übrigen Zucker, Zitronengras, Vanille und 1 Prise Salz aufkochen, vom Herd nehmen und etwa 10 Minuten ziehen lassen.

2 Dann alles pürieren und durch ein Sieb gießen. Eigelbe und Eier in einen hohen Rührbecher geben und die Zitronengrasmilch noch warm untermixen. Die Eiermilch auf dem Karamell in den Förmchen verteilen, im Wasserbad im Ofen 30 bis 45 Minuten cremig stocken lassen. (Achtung: In niedrigen Förmchen ist die Crème nach etwa 30 Minuten gar, in höhreren nach etwa 45 Minuten!) Die Crèmes aus dem Ofen nehmen, etwa 1 Stunde abkühlen lassen.

3 Inzwischen für die Früchte Litschis schälen, Fruchtfleisch vom Kern lösen und in Stücke schneiden. Erdbeeren waschen, putzen und halbieren. Litschis und Erdbeeren mischen, mit Puderzucker und Limettensaft marinieren und die Pistazien untermischen.

4 Zum Servieren die Crème Caramel stürzen und auf Teller setzen, der Karamell ist inzwischen flüssig. Mit den Früchten garnieren.

TIPP *Der Karamell sollte kräftig gebräunt, aber nicht allzu dunkel sein. Das Wichtigste jedoch ist eine cremig-feste Konsistenz der Crème. Ausschlaggebend dafür ist einerseits die Hitze, andererseits die Garzeit. Man kann nach etwa 20 Minuten damit beginnen, den Garpunkt zu testen, und nimmt die Crème ggf. schon wenige Minuten früher heraus oder lässt sie noch etwas im Ofen.*

Zutaten
FÜR 4 PERSONEN

FÜR DIE CRÈME CARAMEL:

100 g Zucker

3 Stängel Zitronengras

200 ml Kokosmilch

200 ml Milch

1 Msp. Vanillemark (ersatzweise etwas Vanillezucker)

Salz

2 Eigelb • 2 Eier

FÜR DIE FRÜCHTE:

20 Litschis

10 mittelgroße Erdbeeren

etwas Puderzucker

einige Tropfen Limettensaft

1 TL grob gehackte Pistazienkerne

Südamerikanisch

Meine Top-Five-Zutaten

mit südamerikanischem Touch

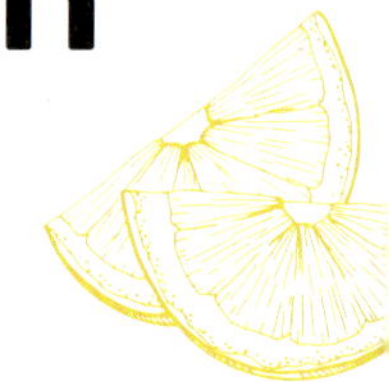

SONNIG, FEURIG, FARBENFROH! Bunt wie der Regenbogen ist die Küche der südamerikanischen Länder. Limetten und Bananen, Avocados, Tomaten, Maiskolben und Chilischoten entfachen auf Tellern und Tischen ein Feuerwerk der Farben, Düfte und Aromen. Das fröhliche Kunterbunt entspricht den kulturellen Einflüssen, die hier vor Jahrhunderten zusammentrafen und eine einzigartige Melange bildeten. Das kulinarische Erbe der indigenen Völker verband sich mit dem der Portugiesen, Afrikaner, Spanier – die multikulturelle Küche Südamerikas ist so innovativ, dass sie – wie im Falle des Ceviche – Europa und die Welt eroberte.

CHILISCHOTEN

Das Geschenk der indigenen Urvölker an die Welt: Chilischoten stammen ursprünglich aus den Urwäldern Mittel- und Südamerikas. Seit über sechs Jahrtausenden gedeihen sie dort in unzähligen Sorten, Farben, Formen und Schärfegraden. Unser hiesiges Angebot ist in den letzten Jahren gewachsen. An die Vielfalt auf den Märkten Mexikos, Brasiliens oder Perus kommt es nicht heran, es reicht aber vollkommen aus, um eine Bandbreite explosiver Schärfegrade bereitzuhalten. Eine Auswahl frischer Chilischoten, fein aufgeschnitten, ist das perfekte Topping für alle Gäste, die geschmacklich härter im Nehmen sind.

LIMETTEN

Die Portugiesen brachten die Zitrusfrüchte auf den südamerikanischen Subkontinent. Seither sind sie dort aus der Küche nicht mehr wegzudenken. Ohne Limetten gäbe es kein Ceviche, keine Guacamole, keine Caipirinha, und die vielen Salsas würden nicht halb so erfrischend schmecken. Unbedingt also ein Schüsselchen mit geviertelten Limetten bereitstellen. Sie geben allen Gerichten und Drinks einen Extrakick exotisches Aroma. Gute Laune garantiert!

ZWIEBELN

Zwiebeln sind das A und O vieler traditioneller südamerikanischer Gerichte – von Mexiko bis Brasilien, Peru bis Feuerland. Empanadas, Burritos, Tacos, Chili con Carne oder Escabeche wären ohne Zwiebeln ein bisschen fad. Rohe Zwiebeln sind auch als Beilage beliebt – zum Grillfleisch in Brasilien oder Argentinien und als Topping auf Tostadas, Tacos oder Schmorgerichten in Mexiko. Fein gewürfelte rote Zwiebeln machen sich besonders gut auf einem Büfett – als rustikal-knackiger Kick für Salate, Salsas und Dips.

TORTILLA-CHIPS

Perfekt zum Dippen von Guacamole, Bohnenpüree, Chili con Carne oder Salsas. Aus dunklem oder hellem Mais, kross ausgebacken, entfaltet die südamerikanische Chips-Variante am Gaumen ein ungleich volleres, aromatischeres Aroma als ihre kartoffeligen Schwestern. Und wer das südamerikanische Fest stilgerecht mit Tequila, Mojito oder Margarita eröffnet, sollte seinen Gästen sowieso eine herzhafte Unterlage zum Knabbern anbieten.

BABY-BANANEN, DUNKLE SCHOKOLADE, KOKOSRASPEL

Auch wenn es noch andere Desserts für die Gäste gibt: Diese Auswahl typisch südamerikanischer Sweets rundet das Fest stilvoll ab. Kakao ist ein Vermächtnis der Azteken an die Europäer – muss also unbedingt mit aufs Büfett, aber nicht in der pappsüßen, sondern in der bitteren Variante, idealerweise ab 88 Prozent Kakaoanteil aufwärts. Baby-Bananen kommen zumindest einen Tick weit an das volle Aroma reif geernteter Bananen heran und Kokosraspel sorgen für etwas Copacabana-Feeling an Isar, Elbe oder Alster. Alle drei passen übrigens auch zu pikanten Gerichten – einfach mal ausprobieren!

Ceviche

mit Tomatendressing und Avocadocreme

30 MIN. ZUBEREITUNG • 4 STD. MARINIERZEIT • 15 MIN. ZIEHZEIT

Zutaten

FÜR 4–8 PERSONEN

FÜR DAS DRESSING:

2 Tomaten
5 dünne Scheiben Ingwer
½ Knoblauchzehe (in Scheiben)
5 Basilikumblätter (grob zerpflückt)
mildes Chilisalz
Zucker
1 EL mildes Olivenöl

FÜR DIE CREME:

½ reife Avocado
Saft von ¼ Limette
mildes Chilisalz • Zucker

FÜR DEN CEVICHE:

6 Jakobsmuscheln (ausgelöst, ohne Corail)
300 g Lachsfilet (Sushi-Qualität) • Salz

1 Für das Dressing die Tomaten waschen und in nicht zu kleine Stücke schneiden, dabei die Stielansätze entfernen. Tomaten in einer Schüssel mit Ingwer, Knoblauch und Basilikum mischen und alles mit Chilisalz und 1 Prise Zucker würzen. Das Dressing zugedeckt bei Zimmertemperatur 3 bis 4 Stunden ziehen lassen.

2 Anschließend die Tomaten in ein Sieb abgießen und den Saft auffangen, dabei das Fruchtfleisch gut ausdrücken. Das Dressing mit Olivenöl verrühren und nochmals abschmecken. Nach Belieben 1 Spritzer Zitronensaft für eine betontere Säure hinzufügen.

3 Für die Creme die Avocado ggf. noch entkernen und schälen. Die Avocadohälfte grob schneiden und in einen Blitzhacker geben. Sofort mit dem Limettensaft beträufeln und mit Chilisalz und 1 Prise Zucker würzen. Dann alles zu einer glatten Creme mixen und in einen Spritzbeutel mit feiner Lochtülle füllen.

4 Für den Ceviche die Jakobsmuscheln waschen und trocken tupfen. Erst jede Muschel quer halbieren, sodass 2 Scheiben entstehen, dann diese jeweils vierteln. Das Lachsfilet waschen und trocken tupfen, in ähnlich große Würfel schneiden wie die Jakobsmuscheln.

5 In einer Schüssel etwa ½ l kaltes Wasser mit 1 EL Salz gründlich verrühren, sodass sich das Salz vollständig auflöst. Jakobsmuschel- und Lachswürfel in das Salzwasser geben, locker durchrühren und 10 bis 15 Minuten ziehen lassen. Dann in ein Sieb abgießen und gut abtropfen lassen, anschließend in eine Schüssel geben. Mit dem Tomatendressing mischen und nochmals abschmecken.

6 Zum Servieren den Ceviche auf Gläser oder Schalen verteilen und mit der Avocadocreme garnieren. Dazu passt Baguette.

Escabeche vom Wolfsbarsch

im Gewürzsud mit Süßkartoffeln

25 MIN. ZUBEREITUNG • 15 MIN. ZIEHZEIT

Zutaten

FÜR 4–8 PERSONEN

FÜR DEN FISCH:

2 Zwiebeln
5 Wacholderbeeren
5 Pimentkörner
1 TL schwarze Pfefferkörner
1 EL Puderzucker
750 ml Hühner- oder Gemüsebrühe
1 Lorbeerblatt
1 Streifen unbehandelte Zitronenschale
2 Scheiben Ingwer
100 ml Weißweinessig
50 ml Weißwein
Salz • ca. 2 TL Zucker
1 TL Öl
8 Wolfsbarschfilets (à ca. 60 g; mit Haut)
2 EL doppelgriffiges Mehl (Instant- oder Spätzlemehl)

FÜR DIE SÜSSKARTOFFELN:

1 große Süßkartoffel
1–2 TL Öl • mildes Chilisalz

AUSSERDEM:

Olivenöl zum Beträufeln
Pfeffer aus der Mühle
1 EL Petersilienblätter (frisch geschnitten)

1 Für den Fisch die Zwiebeln schälen, halbieren und quer in dünne Streifen schneiden. Die Wacholderbeeren mit den Piment- und Pfefferkörnern in ein Gewürzsäckchen füllen und dieses verschließen. Den Puderzucker in einer großen tiefen Pfanne bei milder Hitze hell karamellisieren, die Zwiebeln darin glasig andünsten. Brühe, Lorbeerblatt und Gewürzsäckchen hinzufügen. Alles erhitzen und knapp unter dem Siedepunkt etwa 10 Minuten ziehen lassen. Zitronenschale, Ingwer, Essig und Wein hinzufügen und den Sud mit Salz und Zucker abschmecken. Den Sud in eine Auflaufform geben und auf dem Herd bei 80 bis 90 °C warm halten.

2 Eine große Pfanne bei mittlerer Temperatur erhitzen und das Öl mit einem Pinsel darin verstreichen. Die Fischfilets waschen, trocken tupfen, die Hautseite in das doppelgriffige Mehl tauchen und den Fisch in der Pfanne auf der Hautseite anbraten. Herausnehmen, auf der Fleischseite in den Sud legen und darin etwa 5 Minuten saftig durchziehen lassen. Nach Belieben darin abkühlen und mehrere Stunden durchziehen lassen oder sofort servieren.

3 Inzwischen die Süßkartoffel putzen, waschen und in 6 bis 8 mm dicke Scheiben schneiden. Eine große Grillpfanne oder einen Grill bei mittlerer Temperatur erhitzen und das Öl darin verstreichen. Die Süßkartoffelscheiben auf beiden Seiten wenige Minuten sanft grillen, bis sie innen weich sind. Mit Chilisalz würzen.

4 Zum Servieren die Süßkartoffelscheiben auf vorgewärmte tiefe Teller verteilen. Die marinierten Fischfilets aus dem Sud nehmen und danebenlegen. Je 1 EL Zwiebeln darum herumverteilen und mit etwas Sud übergießen. Etwas Olivenöl darüberträufeln und mit Pfeffer und Petersilie bestreuen.

Gemüse-Tatar mit Quinoa

auf Tomaten und Paranüssen

35 MIN. ZUBEREITUNG • 30 MIN. KÜHLZEIT

1 Für das Tatar die Karotte putzen, schälen und in etwa 2 mm große Würfel schneiden. Sellerie und Lauch putzen, waschen und ebenfalls in sehr kleine Würfel schneiden. Beide Quinoa-Sorten mit der Brühe in einen Topf geben und mit einem Blatt Backpapier bedecken, dann knapp unter dem Siedepunkt etwa 20 Minuten gar ziehen lassen.

2 Nach etwa 15 Minuten Garzeit die Gemüsewürfel mit Knoblauch und Ingwer hinzufügen und alles fertig garen. Den Topf vom Herd nehmen, das Gewürz unterrühren und die Gemüse-Quinoa etwa 30 Minuten abkühlen lassen.

3 Dann die Quinoa-Mischung in ein Sieb abgießen und abtropfen lassen, dabei Knoblauch und Ingwer wieder entfernen. Den Frischkäse untermischen und das Tatar mit Chilisalz und Pfeffer würzen.

4 Inzwischen für die Tomaten die Brühe mit Essig und Olivenöl verrühren und das Dressing mit Chilisalz und 1 Prise Zucker würzen. Anschließend die Zwiebelwürfel unterrühren. Die Tomaten waschen und quer in möglichst dünne Scheiben schneiden, dabei die Stielansätze entfernen.

5 Zum Servieren die Sellerieblätter waschen und trocken tupfen. Die Tomatenscheiben leicht überlappend auf Tellern anrichten, mit Chilisalz würzen und mit dem Dressing beträufeln. Das Gemüse-Tatar mithilfe eines Anrichterings (6 cm Durchmesser) mittig daraufsetzen, mit den Paranüssen bestreuen und mit den Sellerieblättern garnieren.

Zutaten
FÜR 4 PERSONEN

FÜR DAS TATAR:

30 g Karotte
30 g Staudensellerie
30 g Lauch (hellgrüner Teil)
50 g weiße Quinoa
50 g rote Quinoa
¼ l Gemüsebrühe
1 Knoblauchzehe (in Scheiben)
1 Scheibe Ingwer
½–1 TL Chili-con-Carne-Gewürz
70 g Frischkäse (Doppelrahmstufe)
mildes Chilisalz
Pfeffer aus der Mühle

FÜR DIE TOMATEN:

2 EL Gemüsebrühe
1–2 TL Weißweinessig
1 EL mildes Olivenöl
mildes Chilisalz • Zucker
1 EL feine rote Zwiebelwürfel
2 feste Tomaten

AUSSERDEM:

einige Staudensellerieblätter
1 EL grob gehackte Paranusskerne

Quesadillas mit Pico de gallo

Gebratene Käsetortillas mit Tomaten-Salsa

30 MIN. ZUBEREITUNG

Zutaten

FÜR 4–8 PERSONEN

FÜR DIE PICO DE GALLO:

400 g Tomaten (am besten Ochsenherztomaten mit viel Fruchtfleisch)

1 weiße Zwiebel

1 mittelscharfe rote oder grüne Chilischote

1–2 EL Koriandergrün (mit Stielen frisch geschnitten)

1 EL Weißweinessig

Salz

FÜR DIE QUESADILLAS:

10 Champignons

½ TL Öl • Salz

½ TL abgeriebene unbehandelte Zitronenschale

1 EL Petersilienblätter (frisch geschnitten)

6 dünne Scheiben geräucherter Kochschinken

8 Mini-Weizentortillas (à ca. 12 cm Durchmesser)

400 g grob geriebener Hartkäse (z. B. Edamer, Emmentaler oder Gouda)

1 Für die Pico de gallo die Tomaten waschen und etwa ½ cm groß würfeln, dabei die Stielansätze entfernen. Zwiebel schälen und etwa ½ cm fein würfeln. Chili längs halbieren, putzen, waschen und sehr fein hacken. Tomaten, Zwiebel, Chili und Koriander mit Essig und Salz würzen, Salsa wenige Minuten durchziehen lassen.

2 Für die Quesadillas die Pilze putzen, trocken abreiben und in 4 bis 5 mm dicke Scheiben schneiden. Eine große Pfanne bei mittlerer Temperatur erhitzen, das Öl mit einem Pinsel darin verstreichen und die Pilze etwa 2 Minuten anbraten. Herausnehmen und mit Salz und etwas Zitronenschale würzen, die Petersilie untermischen. Die Schinkenscheiben vierteln.

3 Eine große Pfanne bei mittlerer Temperatur sanft erhitzen. Die Tortillas darin etwas anwärmen und auf ein Arbeitsbrett legen. Jeweils eine Hälfte der Tortillas mit Käse bestreuen, mit je 3 Schinkenstücken und einigen Pilzen belegen, mit dem übrigen Käse bestreuen. Die freie Tortilla-Hälfte jeweils darüberklappen, etwas andrücken und die Quesadillas nach und nach in der Pfanne auf beiden Seiten goldbraun braten. Die Füllung soll dabei erhitzt werden und der Käse schmelzen. Zum Servieren die Quesadillas auf vorgewärmten Tellern mit der Pico de gallo anrichten.

TIPP *„Pico de gallo" heißt auf Deutsch „Hahnenschnabel" und ist eine würzige Salsa aus gehackten Tomaten, Zwiebeln und Chilischoten. Sie wird mit Vorliebe zu Burritos, Tacos, Quesadillas und anderen Zubereitungen mit Tortillas serviert, passt aber auch zu gebratenem Fleisch, Fisch und Geflügel. Regional unterschiedlich ist sie auch unter dem Namen „Salsa picada" oder „Salsa Mexicana" bekannt, weil sie die Farben der mexikanischen Flagge enthält: rot (Tomate), weiß (Zwiebel) und grün (Koriandergrün, Chili oder Paprika).*

Chili con Carne
von der Pute

1 STD. 30 MIN. ZUBEREITUNG

Zutaten
FÜR 4–8 PERSONEN

1 große Zwiebel
½ TL Puderzucker
2 EL Tomatenmark
500 g Putenhackfleisch
200 g passierte Tomaten (aus der Dose)
750 ml Hühnerbrühe
2 vorwiegend festkochende Kartoffeln
1 rote Paprikaschote
150 g Kidneybohnen (aus der Dose)
80 g Mais (aus der Dose)
1 EL Chili-con-Carne-Gewürz
mildes Chilisalz
1 EL Petersilienblätter (frisch geschnitten)

1 Die Zwiebel schälen und in feine Würfel schneiden. Den Puderzucker in einem Topf bei mittlerer Hitze goldbraun karamellisieren und die Zwiebelwürfel darin etwas andünsten. Das Tomatenmark dazugeben und kurz mitdünsten. Das Hackfleisch hinzufügen und unter Rühren krümelig braten. Die passierten Tomaten und die Brühe dazugeben, alles mit einem Blatt Backpapier bedecken und knapp unter dem Siedepunkt etwa 1 Stunde 30 Minuten garen.

2 Inzwischen die Kartoffeln putzen, schälen und etwa 1 cm groß würfeln. Die Paprikaschote längs halbieren, putzen, waschen und in etwa ½ cm große Würfel schneiden. Kartoffeln und Paprika nach etwa 1 Stunde Garzeit zum Chili geben und mitgaren.

3 Die Bohnen und den Mais in ein Sieb abgießen und abtropfen lassen. Beides am Ende der Garzeit unter das Chili con Carne rühren. Alles mit dem Chili-con-Carne-Gewürz würzen, noch wenige Minuten ziehen lassen und mit Chilisalz abschmecken.

4 Zum Servieren die Petersilie unterrühren. Das Chili auf vorgewärmte tiefe Teller oder Schalen verteilen. Dazu passen Tacos, Weißbrot oder Fladenbrot sowie eine Sour cream (dafür 1 Becher saure Sahne glatt rühren und mit etwas abgeriebener unbehandelter Zitronenschale, 1 Spritzer Zitronensaft, etwas Salz und 1 Prise Zucker würzen).

Mexikanische Fleischbällchen

in rauchiger Tomatensauce

30 MIN. ZUBEREITUNG

1 Für die Hackbällchen die Zwiebel schälen und fein würfeln. In einer Pfanne mit 80 ml Wasser weich garen, bis die Flüssigkeit eingekocht ist. Das Toastbrot klein würfeln, Erdnüsse fein hacken.

2 Hackfleisch, Toastbrot, Zwiebel, Erdnüsse und Reis in eine Schüssel geben. Die Eier in einem hohen Rührbecher mit Senf, Zitronen- und Orangenschale, Gewürz und Chilisalz mit dem Stabmixer fein pürieren. Mit Oregano und Petersilie zum Hackfleisch geben und alles zu einer gleichmäßigen Masse verarbeiten. Aus der Masse mit angefeuchteten Händen 30 bis 35 Bällchen formen. In einer großen Pfanne im Öl rundum in 3 Portionen jeweils 4 bis 5 Minuten anbraten. Herausnehmen und auf Küchenpapier abtropfen lassen.

3 Für die Sauce Brühe und Tomatenstücke in einem Topf 3 bis 4 Minuten sanft köcheln lassen. Knoblauch hinzufügen, alles mit dem Stabmixer fein pürieren, dabei das Olivenöl dazulaufen lassen. Mit Salz, Chipotle-Püree, Zimt, Oregano und 1 Prise Zucker würzen.

4 Zum Servieren die Sauce in eine große Pfanne geben und die Fleischbällchen darin knapp unter dem Siedepunkt etwa 5 Minuten vollständig durchgaren. Dazu passt Reis oder Fladenbrot.

TIPP *Chipotles sind geräucherte Jalapeño-Chilischoten. Jalapeños haben ein relativ dickes Fruchtfleisch, weshalb sie sich nicht so einfach an der Luft trocknen lassen. In Mexiko werden sie deshalb durch Räuchern konserviert, was ihnen den typischen Rauchgeschmack verleiht. Chipotle-Püree ist eine Würzsauce aus diesen Chilischoten. Sie ist im Internet und in südamerikanischen Feinkostabteilungen erhältlich. Wer sie nicht erhält, kann sie durch das spanische Räucherpaprikapulver ersetzen.*

Zutaten

FÜR 4–8 PERSONEN

FÜR DIE HACKBÄLLCHEN:

1 Zwiebel

2 Scheiben Toastbrot

2 EL geröstete Erdnusskerne

250 g Rinderhackfleisch

250 g Schweinehackfleisch

100 g gegarter Langkornreis

2 Eier • 1 EL scharfer Senf

je ½ TL abgeriebene unbehandelte Zitronen- und Orangenschale

1–2 TL Chili-con-carne-Gewürz

mildes Chilisalz

1 TL getrockneter Oregano

1 EL Petersilienblätter (frisch geschnitten)

1–2 TL Öl

FÜR DIE SAUCE:

180 ml Gemüsebrühe

600 g stückige Tomaten (aus der Dose)

1–2 fein geriebene Knoblauchzehen

4 EL mildes Olivenöl • Salz

1 TL Chipotle-Püree (ersatzweise Räucherpaprikapulver, Pimentón de la Vera picante)

1 Msp. frisch geriebene Zimtrinde

1 TL getrockneter Oregano • Zucker

Burritos
mit Hähnchen-Gemüse-Füllung

35 MIN. ZUBEREITUNG • 30 MIN. GEHZEIT

Zutaten
FÜR 4–8 PERSONEN

FÜR DIE TORTILLAS:

15 g frische Hefe
175 g Mehl • ¼ TL Salz
1 TL neutrales Öl
1 TL Weißweinessig
Mehl zum Arbeiten
Öl zum Ausbacken

FÜR DIE FÜLLUNG:

1 Tomate • 1 Zwiebel
1 reife schnittfeste Avocado
3 EL Öl
150 g passierte Tomaten (aus der Dose)
100 g Mais (aus der Dose)
2 TL kleine Kapern (Nonpareilles)
mildes Chilisalz
Pfeffer aus der Mühle
getrockneter Oregano
1 Msp. frisch geriebene Zimtrinde
Zucker
4 Hähnchenbrustfilets (à ca. 120 g)

AUSSERDEM:

2 Frühlingszwiebeln (in dünnen Ringen)
1 EL geröstete gehackte Erdnusskerne

1 Für die Tortillas die Hefe in 100 ml lauwarmem Wasser auflösen. Mehl in eine Schüssel sieben und mit Salz mischen. Das Öl mit Essig und aufgelöster Hefe untermischen. Alles mit den Händen geschmeidig kneten. Teig zur Kugel formen, mit Mehl bestäubt und mit einem Küchentuch bedeckt an einem warmen Ort etwa 30 Minuten gehen lassen. Eine große Pfanne bei mittlerer Temperatur erhitzen und dünn mit Öl bestreichen. Teig nochmals durchkneten, in 4 Stücke teilen und wenige Minuten ruhen lassen. Jedes Stück auf der bemehlten Arbeitsfläche flach ausrollen und wie einen Strudelteig noch weiter zu einem dünnen Fladen (à ca. 25 cm Durchmesser) ausziehen. In der Pfanne auf beiden Seiten je etwa 1 Minute backen, bis kleine braune Flecken zu sehen sind. Herausnehmen, auf einem vorgewärmten Teller mit einem leicht feuchten Küchentuch bedecken und im Backofen bei 80 °C warm halten.

2 Für die Füllung die Tomate waschen und in kleine Würfel schneiden, dabei die Stielansätze entfernen. Die Zwiebel schälen und fein würfeln. Die Avocado halbieren, entkernen, schälen und klein würfeln. Die Zwiebel in einer Pfanne in 1 EL Öl bei milder Hitze andünsten. Die gewürfelten und die passierten Tomaten dazugeben und alles knapp unter dem Siedepunkt 3 bis 4 Minuten ziehen lassen. Den Mais in ein Sieb abgießen und abtropfen lassen. Dann mit Avocado und Kapern in der Tomatensauce erwärmen. Mit Chilisalz, Pfeffer, Oregano, Zimt und 1 Prise Zucker würzen.

3 Das Fleisch waschen, trocken tupfen und etwa 1 cm groß würfeln. In einer Pfanne im übrigen Öl rundum kurz anbraten. Zum Gemüse geben und 1 bis 2 Minuten ziehen lassen, abschmecken. Zum Servieren die Füllung auf den Tortillas verteilen, mit Frühlingszwiebeln und Erdnüssen bestreuen. Die Tortillas seitlich einschlagen und zu Burritos aufrollen, nach Belieben halbieren.

Ribeye-Steaks
mit Chimichurri aus Argentinien und kreolischem Salat

20 MIN. ZUBEREITUNG • 30 MIN. TEMPERIERZEIT

Zutaten
FÜR 4–8 PERSONEN

FÜR DIE STEAKS:

4 Ribeye-Steaks (à ca. 200 g)

½ TL Öl • mildes Chilisalz

FÜR DIE CHIMICHURRI:

1 EL Chimichurri-Gewürz

2 EL heiße Gemüsebrühe

2 EL mildes Olivenöl

1 Spritzer Zitronensaft • Salz

FÜR DEN SALAT:

ca. 200 g grüner Blattsalat (z. B. Kopfsalat oder Romana-Salat)

2 Tomaten

½ rote oder weiße Zwiebel

80 g Mais (aus der Dose)

je 1 EL Basilikum- und Petersilienblätter (frisch geschnitten)

2 EL Weißweinessig

2 EL mildes Olivenöl

mildes Chilisalz • Zucker

1 Steaks etwa 30 Minuten vor dem Braten aus dem Kühlschrank nehmen und Zimmertemperatur annehmen (temperieren) lassen.

2 Inzwischen für die Chimichurri das Gewürz mit der heißen Brühe verrühren und etwa 1 Minute quellen lassen. Mit Olivenöl verrühren, mit Zitronensaft und Salz nach Geschmack würzen.

3 Für den Salat vom Kopfsalat die äußeren Blätter entfernen. Den Salat in die einzelnen Blätter teilen, waschen, trocken schleudern und in mundgerechte Stücke zupfen. Die Tomaten waschen und ½ bis 1 cm groß würfeln, dabei die Stielansätze entfernen. Die Zwiebel schälen und fein würfeln. Den Mais in ein Sieb abgießen und abtropfen lassen. Salat, Tomaten, Zwiebel, Mais, Basilikum und Petersilie in einer Salatschüssel mischen.

4 Eine Pfanne bei mittlerer Temperatur erhitzen und das Öl mit einem Pinsel darin verstreichen. Das temperierte Fleisch in der Pfanne auf beiden Seiten jeweils 2½ bis 3 Minuten braten. Dann die Steaks vom Herd nehmen und in der Pfanne noch 1 Minute ziehen lassen. Mit Chilisalz würzen.

5 Zum Servieren den Salat mit Essig, Olivenöl, Chilisalz und 1 Prise Zucker mischen. Die Steaks in etwa 1 cm dicke Scheiben schneiden, auf vorgewärmten Tellern verteilen und mit der Chimichurri-Sauce beträufeln. Den Salat dazu reichen.

TIPP *__Chimichurri__ ist vor allem in Argentinien, aber auch in anderen lateinamerikanischen Ländern eine äußerst beliebte Sauce zu Grillfleisch. Typischerweise enthält sie __Zwiebeln, Knoblauch, Paprika, Salz, Pfeffer, Chili__ sowie __reichlich Kräuter__ wie zum Beispiel Petersilie, Koriandergrün oder Oregano.*

Pasta frola
mit Quittenfüllung

20 MIN. ZUBEREITUNG • 2 STD. KÜHLZEIT • 40 MIN. BACKZEIT

1 Für den Teig Butter, Puderzucker, Vanillezucker, Zitronenschale und 1 Prise Salz in einer Schüssel mit den Knethaken des Handrührgeräts verkneten. Ei und Eigelb dazugeben und unterkneten, die Masse dabei nicht schaumig schlagen. Mehl und Backpulver darübersieben und alles nur so lange kneten, bis ein glatter Mürbeteig entstanden ist. Zu einem flachen Ziegel formen und in Frischhaltefolie gewickelt im Kühlschrank etwa 2 Stunden ruhen lassen.

2 Den Backofen auf 180 °C vorheizen. Die Backform mit Butter einfetten und mit Mehl ausstäuben. Den Teig auf der leicht bemehlten Arbeitsfläche nochmals kurz durchkneten. Dann etwa drei Viertel des Teiges mit dem Nudelholz zu einem Kreis (ca. 30 cm Durchmesser) ausrollen und die Form damit auskleiden.

3 Die Quittenkonfitüre oder den Quittenkäse mit dem Ingwer gleichmäßig verrühren und auf dem Teigboden verstreichen. Den übrigen Teig ebenfalls zu einem Kreis (26 bis 28 cm Durchmesser) ausrollen und in 1 bis 1½ cm breite Streifen schneiden. Die Streifen mit 1½ bis 2 cm Abstand zueinander gitterförmig auf die Konfitüre oder den Quittenkäse legen. Den überstehenden Teigrand rundum nach innen klappen. Das Eigelb mit der Sahne verquirlen und den Teigrand sowie das Teiggitter damit bestreichen.

4 Den Kuchen im Ofen auf der mittleren Schiene etwa 40 Minuten goldbraun backen. Herausnehmen und etwas abkühlen lassen, dann aus der Form lösen und warm oder abgekühlt servieren.

Zutaten

FÜR 1 TARTEFORM (CA. 26 CM DURCHMESSER)

FÜR DEN TEIG:

250 g weiche Butter

100 g Puderzucker

1 TL Vanillezucker

abgeriebene Schale von ½ unbehandelten Zitrone

Salz

1 Ei (Zimmertemperatur)

1 Eigelb

375 g Mehl

½ TL Backpulver

weiche Butter und Mehl für die Form und zum Arbeiten

AUSSERDEM:

350 g feste Quittenkonfitüre oder weicher Quittenkäse (ersatzweise Guaven- oder Erdbeerkonfitüre)

1 TL frisch geriebener Ingwer

1 Eigelb • 1 EL Sahne

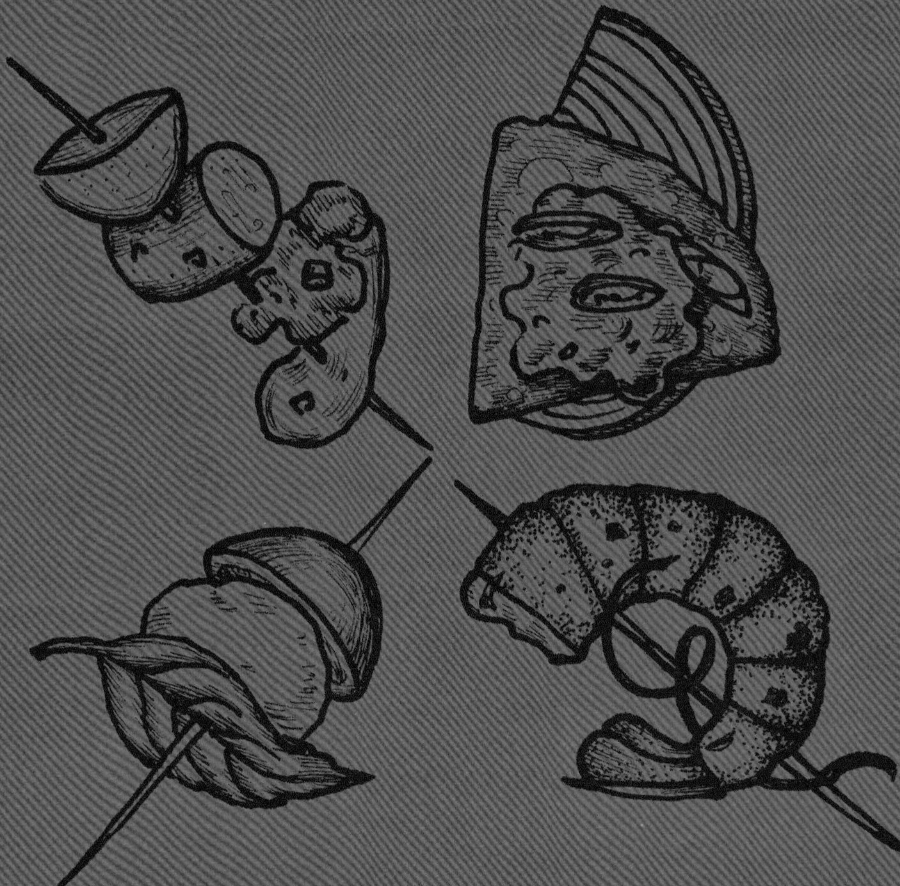

Büfetts

GARTEN-PARTY

Das Konzept für eine super Sommerparty: Gegensätze ziehen sich an! Wenn Knackiges auf Lockerleichtes trifft, Typen mit Biss mit süßen Früchtchen anbandeln, Handfestes sich zu Fluffigem gesellt und heiße Teilchen mit coolen Dingern flirten, stimmt garantiert die Mischung. Und alle sind gut drauf!

ZUTATEN FÜR SANGRIA

Feiern unter freiem Himmel

Rezeptvorschläge

Obazda mit Schnittlauch
→ **SEITE 48**

Tapas-Datteln im Speckmantel
→ **SEITE 10**

Focaccia mit Cocktailtomaten und Oliven
→ **SEITE 20**

Wurstsalat mit Pilzen und buntem Gemüse
→ **SEITE 54**

Matjes-Curry-Dip (ggf. ohne Kartoffeln)
→ **SEITE 60**

Tabbouleh mit Baharat-Joghurt-Dip (ohne Dorade)
→ **SEITE 88**

Kleine Piccate milanesi
→ **SEITE 39**

Lammkoteletts mit Peperonata
→ **SEITE 41**

Asia-Kokos-Crème-Caramel mit Zitronengras, Litschis und Erdbeeren (doppeltes Rezept)
→ **SEITE 101**

Passende Drinks

SANGRIA

Für etwa 1 l etwa **750 ml leichten Rotwein** und **¼ l Zitronenlimonade** mit **2 cl Orangenlikör, 30 g Zucker** und **1 Stange Zimt** in eine Glaskaraffe füllen. **½ unbehandelte Orange** waschen, vierteln und in Scheiben schneiden. **Je ½ Apfel, Birne** und **Pfirsich** (in der Saison) waschen, halbieren, entkernen und in Scheiben schneiden. **1 Handvoll Kirschen** (in der Saison) waschen, halbieren und entsteinen. Alle Früchte zur Rotwein-Limo-Mischung geben und einige Stunden kühl ziehen lassen.

HOLLERSIRUP

Für ca. 1½ l Sirup etwa **10 Holunderblütendolden** schütteln, um Verunreinigungen zu entfernen. Blüten abschneiden und mit **3 Scheiben Ingwer**, den **Schalen von je ½ unbehandelten Zitrone** und **Orange** in eine Kanne (ca. 2 l Inhalt) geben. **1 l Wasser** mit **500 g Zucker**, Saft von **1 Zitrone** und **10 g Zitronensäure** aufkochen, über die Blüten gießen. Sirup abkühlen lassen, mit einem Blatt Backpapier bedecken und 2 bis 3 Tage ziehen lassen. Durchsieben und mit Mineralwasser oder Prosecco mischen.

Beilagen und Knabbereien

Wer mag, ergänzt das Büfett mit Laugengebäck, Bauernbrot, Grissini, Baguette, Oliven.

Perfektes Timing

AM VORTAG

Obazdn zubereiten

Tapas-Datteln wickeln

Crème Caramel zubereiten, Sangria ansetzen

Bulgur für Tabbouleh garen

Peperonata zubereiten

5

5 STD. VORHER
Wurstsalat zubereiten (Bohnen noch nicht untermischen)

4

4 STD. VORHER
Focaccia backen, Zutaten für Piccate herrichten

3

3 STD. VORHER
Matjes-Curry-Dip und Baharat-Joghurt-Dip zubereiten

Für BBQ-Fans

Wenn Sie den Grill anwerfen, können Sie neben dem Lamm auch noch die Ribeye-Steaks (siehe Seite 118) und Folienkartoffeln anbieten. Der Chimichurri-Dip passt auch zum Lamm.

2 STD. VORHER
Obst für Crème Caramel schnibbeln, Tabbouleh fertig stellen

1 STD. VORHER
Piccate und Datteln braten, Peperonata aufwärmen, Wurstsalat fertig stellen, alles in Serviergeschirr füllen und temperieren

KURZ VORHER
Focaccia belegen, Brot und Oliven rausstellen

2 1 **WÄHRENDDESSEN**

Drinks mit Hollersirup mixen, Lammkoteletts (und ggf. Steaks und Kartoffeln) grillen

Nicht vergessen

Nehmen Sie alle Salate, die länger ziehen sollen, etwa 1 Stunde vor Partybeginn aus dem Kühlschrank. So können sie Raumtemperatur annehmen und das volle Aroma entfalten. **Wichtig**: Bevor Sie einen Salat in eine Servierschüssel füllen, Salat am besten noch mal abschmecken!

IN 8 GERICHTEN UM DIE WELT

Naschen verbindet: Ob Tapas oder Mezze, Magentratzerl oder Antipasti – kleine Köstlichkeiten vorneweg sind auf der ganzen Welt so beliebt, dass man darüber glatt die Hauptmahlzeit vergisst! Beim Dippen, Stippen, Rumprobieren und Teilen kommen sich alle schnell näher – Freundschaft fängt im Kleinen an!

ZUTATEN FÜR CAIPIRINHA

Partyfood aus aller Welt

Rezeptvorschläge

Indonesische Saté-Spieße mit Erdnusssauce
→ SEITE 83

Escabeche vom Wolfsbarsch im Gewürzsud mit Süßkartoffeln
→ SEITE 108

Pollo tonnato
→ SEITE 33

Flammkuchen mit Kürbis und Speck
→ SEITE 59

Sommerrollen mit Garnelen und Chili-Fisch-Sauce (nach Belieben das doppelte Rezept)
→ SEITE 78

Fladenbrote mit Zatar und Hummus
→ SEITE 85

Mexikanische Fleischbällchen in rauchiger Tomatensauce
→ SEITE 115

Pasta frola mit Quittenfüllung
→ SEITE 121

Beilagen und Snacks

Wer möchte, stellt Tacos, Ciabatta oder Weißbrot mit aufs Büfett.

Passende Drinks

MANGO-LASSI MIT ROSENWASSER
→ SEITE 96 (Variante)

INGWER-EISTEE
Für 4 Personen in einem Topf **1½ l Wasser** mit **1 geh. EL Zucker** so lange aufkochen, bis sich der Zucker aufgelöst hat. Vom Herd nehmen. **2 grüne Kardamomkapseln** andrücken. **¼ Vanilleschote** längs halbieren und auskratzen. Vanilleschote und -mark, Kardamom, **25 g getrockneten geschroteten Ingwer** (Ingwertee), **6 Streifen unbehandelte Orangenschale**, **125 ml Orangensaft**, **3 Streifen unbehandelte Zitronenschale**, **1 EL Zitronensaft**, **1–2 Splitter Zimtrinde** und **1 Gewürznelke** hinzufügen. Die Mischung etwa 20 Minuten ziehen lassen. Dann durch ein feines Sieb gießen und auf Gläser verteilen, dabei nach Belieben jeweils 2 Ingwerscheiben vorher in die Gläser legen.

CAIPIRINHA
Für 1 Person **1 unbehandelte Limette** waschen, die Enden entfernen, Limette achteln. Die Limettenstücke mit **2 EL braunem Rohrohrzucker** in einen Tumbler geben und mit einem Caipirinha-Stößel gut zerdrücken. Mit **Crushed Ice** auffüllen, **6 cl Cachaça** dazugießen, den Drink mit Trinkhalm servieren.

Perfektes Timing

Saté-Spieße und Sauce zubereiten

Hummus vorbereiten

Wolfsbarsch einlegen

Pollo tonnato anrichten

Hefeteig für Fladenbrote vorbereiten

Teig und Belag für Flammkuchen sowie Pasta-Teig vorbereiten

Fleischbällchen garen

AM VORTAG

5 STD. VORHER

Mango-Lassi und Eistee zubereiten

Zutaten für Caipirinha bereitstellen

5

Knackig frisch

Zu diesem Büfett passen noch gut ein paar frische Zutaten wie ein grüner Blattsalat oder Gemüse-Rohkoststicks (vor allem zum Hummus und zur Thunfischsauce vom Pollo).

Gut zu wissen

Die Sommerrollen sind der Hit auf jedem Büfett. Leider kleben sie leicht zusammen – daher am besten auf dem Büfett einzeln auf Salat- oder Bananenblättern anrichten.

4 – 3 – 2 – 1 – WÄHRENDDESSEN

Sommerrollen samt Dip zubereiten

3 STD. VORHER
Fladenbrote backen, Pasta frola fertigstellen und backen

2 STD. VORHER
Saté-Spieße braten

1 STD. VORHER
Flammkuchen backen

Fleisch und Saucen in Serviergeschirr füllen und temperieren

KURZ VORHER
Tacos und Brot anrichten

WÄHRENDDESSEN

Caipirinha mixen

Fleischbällchen in Topf auf Stövchen erwärmen und anbieten

VEGE-
TARISCH

Fein gemacht! Besonders Gutes erkennt man oft daran, dass es sich ein bisschen zurücknimmt. Sich aufs Wesentliche konzentriert und betont, worauf es ankommt: die bunte Vielfalt, die sonnige Ausstrahlung, den Sinn für Balance und spannende Kontraste. Weniger ist mehr – da fehlt sich rein gar nichts!

ZUTATEN FÜR KURKUMA-MINZ-LASSI

Fleischlos glücklich am Büfett

Rezeptvorschläge

Geeiste Gurkensuppe mit eingelegtem Ingwer und Apfel
→ **SEITE 84**

Gegrillte Polenta mit getrockneten Tomaten und Pinienkernen
→ **SEITE 23**

Samosas mit Gurken-Raita
→ **SEITE 82**

Brezenknödelsalat
→ **SEITE 57**

Sizilianische Arancini
→ **SEITE 25**

Schafskäse im Weinblatt auf Bohnen-Tomaten-Salat
→ **SEITE 86**

Gemüse-Tatar mit Quinoa auf Tomaten und Paranüssen (doppeltes Rezept)
→ **SEITE 111**

Panna cotta bianca mit Kaffee und Kirschen (doppeltes Rezept)
→ **SEITE 42**

Passende Drinks

KURKUMA-MINZ-LASSI
→ **SEITE 96**

FENCHEL-KAROTTEN-APFEL-SAFT MIT MANGO UND INGWER
Für 2 Personen (ca. ½ l) **1 Fenchelknolle** (ca. 250 g) putzen, waschen und das Fenchelgrün beiseitelegen. Den Fenchel in Spalten schneiden. **3 Karotten** (ca. 300 g) putzen, schälen und längs halbieren. **3 Äpfel** (ca. 600 g) waschen, vierteln und entkernen. Fenchel, Karotten, Äpfel und **1 EL Ingwer** (in groben Würfeln) mit einer Saftzentrifuge entsaften. **½ reife Mango** schälen, zerkleinern und in einen hohen Rührbecher mit einem Stabmixer pürieren. Das Mangopüree unter den Saft mischen und den Drink in Gläser füllen. Mit **je ½ TL Omega-3-Öl** (z. B. Frühstücks-Power-Öl oder Leinöl) beträufeln und mit **1 Prise milden Chiliflocken** bestreuen. Mit beiseitegelegtem Fenchengrün garnieren.

Beilagen und Knabbereien

Als Ergänzung zum Büfett passen Baguette, Grissini und Blätterteigstangen mit Sesam.

Perfektes Timing

Gurkensuppe mixen

Polenta garen und ausstreichen, übrige Zutaten vorbereiten

Samosas-Teig und -Füllung herrichten

Knödel garen

Marinade zubereiten

AM VORTAG

Quinoa und Gemüse garen

Arancini vorbereiten

Panna cotta und Kirschen zubereiten

Weinblätter herstellen und Bohnen garen

5 STD. VORHER

Lassi herstellen

5

Tomaten-Aprikosen-Mix für Polenta zubereiten

Samosas und Raita zubereiten

Frisch auf den Tisch

Wenn Sie einen fleißigen Helfer haben, der auf Wunsch der Gäste während der Party Frittiergut ausbäckt, können Sie die Reiskrapfen und Samosas auch frisch ausbacken lassen.

Nicht vergessen

Denken Sie rechtzeitig daran zu prüfen, ob Sie ausreichend Geschirr, Besteck und Gläser für die Party vorrätig haben. Am besten bereits 1 Woche vorher. Räumen Sie Teller, Besteck, Servietten und Gläser schon am Vorabend auf einen Extratisch – Salatbesteck und Schöpflöffel für Lassi und Drinks nicht vergessen!

4 3 2 1 **WÄHRENDDESSEN**

3 STD. VORHER
Spargel garen, Breznknödel marinieren

Weinblätter und Salat fertigstellen

2 STD. VORHER
Tomaten für Quinoa auslegen

Quinoa fertigstellen und anrichten

1 STD. VORHER
Salate und Saucen in Serviergeschirr füllen und temperieren

KURZ VORHER
Polenta ausbacken

Gemüse-Obst-Saft mixen

WÄHRENDDESSEN
Samosas und Arancini frittieren (siehe Tipp)

WINTER-FEST

Ganz gleich, wo wir zu Hause sind, ob im Süden oder Norden – im Winter machen wir es uns alle gern gemütlich, rücken enger zusammen und genießen, was mit Liebe gekocht ist. Da kommen so kleine Häppchen gerade recht: perfekt für lange Abende und Feste, mit viel Herzblut und wenig Aufwand zubereitet – echte Seelenwärmer!

ZUTATEN FÜR KÜRBISGLÜHWEIN

Genuss für lange Abende

Rezeptvorschläge

Geflügellebercreme mit Portweingelee (1½ faches Rezept)
→ SEITE 34

Tapas-Datteln im Speckmantel
→ SEITE 10

Blätterteigpasteten mit Hähnchen-Pilz-Ragout (doppeltes Rezept)
→ SEITE 36

Sizilianische Arancini
→ SEITE 25

Backhendl auf gekräutertem Kartoffelsalat
→ SEITE 67

Rehpflanzerl auf Blaukrautsalat
→ SEITE 69

Pulpo auf galizische Art
→ SEITE 31

Marokkanische Pastillas mit Apfel und Vanillesahne (doppeltes Rezept)
→ SEITE 99

Passender Drink

KÜRBISGLÜHWEIN
Für etwa 1½ l **250 g Muskatkürbis** schälen, in ½ bis 1 cm große Würfel schneiden und in einem Topf in **1,2 l Weißwein** mit 70 g Zucker knapp unter dem Siedepunkt 30 bis 40 Minuten weich ziehen lassen. **150 g Ananas** (aus der Dose) abtropfen lassen und würfeln. **½ Zimtstange, ½ TL Pimentkörner, 2 Schoten Kardamom** und **2 Zacken Sternanis** in einen Einwegteebeutel füllen und verschließen. Etwa 10 Minuten vor Garzeitende Ananas, Gewürzsäckchen, **½ aufgeschlitzte Vanilleschote, 1 getrocknete rote Chilischote** und **2 Scheiben Ingwer** dazugeben. Jetzt auf keinen Fall mehr kochen, sondern nur noch ziehen lassen und zum Servieren **2 EL braunen Rum** und **nach Belieben einige Rumrosinen** hinzufügen. Den Gewürzbeutel mit den anderen Gewürzen entfernen und den Glühwein heiß servieren.

Beilagen und Knabbereien

Wer mag, stellt Bauernbrot oder Weißbrot und getoastetes Brioche auf den Büfetttisch.

Perfektes Timing

AM VORTAG

- Geflügellebercreme zubereiten
- Reiskrapfen vorbereiten
- Blaukrautsalat zubereiten
- Pesto fürs Backhendl herstellen
- Glühwein ansetzen
- Backhendl einlegen
- Ragout für Blätterteigpastetchen garen
- Blätterteigpastetchen „basteln“ und kühl stellen

5 STD. VORHER

- Blätterteigpastetchen backen

5

Noch entspannter

Sie können die Rehpflanzerl ebenfalls bereits am Vortrag zubereiten. Fürs Büfett dann einfach nur etwa 30 Minuten im Backofen bei 100 °C aufwärmen.

Brot frisch halten

Damit aufgeschnittenes Baguette oder Brot nicht austrocknet, am besten erst kurz vor dem Partystart aufschneiden und mit einem sauberen Küchentuch abdecken. Sie können auch bereits geschnittenes Brot in Plastiktüten in Reserve halten und den Brotkorb dann einfach schnell nachfüllen.

4

3 STD. VORHER
Kartoffelsalat zubereiten

3

Rehpflanzerl herstellen

Pulpo garen, im Sud lassen

2 STD. VORHER
Pastillas backen

2

Vanillesahne schlagen, kühlen

1 STD. VORHER
Salate und Saucen in Serviergeschirr füllen und temperieren

1

Datteln, Reiskrapfen und Backhendl braten

KURZ VORHER
Pulpo aufschneiden, anrichten und würzen

Bauern- und Weißbrot rausstellen

Ragout aufwärmen und in Blätterteigpastetchen füllen

WÄHRENDDESSEN

Glühwein auf Stövchen stellen (oder in einer Thermoskanne warm halten)

Brioche toasten (in Scheiben schneiden, Toaster auf Büfett)

Drinks und Getränke

Hinweis

Die Temperaturen für den Backofen beziehen sich, wenn nicht anders erwähnt, auf die Einstellung Ober- und Unterhitze.

© Stefan Braun

ALFONS SCHUHBECK

Der Meisterkoch, Autor und Unternehmer ist ein wahres Multitalent. In seinen Lehr- und Wanderjahren hat er seinen Horizont in Genf erweitert, in den Schmelztiegel Paris hineingeschnuppert und das Asien-geprägte London erkundet. Und von dort ein großes Wissen über Geschmäcke und Gewürze mitgebracht, die seiner bayerischen Küche etwas Besonderes geben.

Kaiserstraße 14 b | D-80801 München

ISBN 978-3-89883-872-6 | 2. Auflage 2020

Projektleitung: Alexandra Gudzent
Rezeptküche: Monika Reiter
Redaktionelle Mitarbeit & Lektorat:
Kathrin Gritschneder
Texte: Katja Mutschelknaus
Grafisches Konzept:
Johanna Höflich/edenundhoeflich.de
Grafische Gestaltung: Irene Schulz
Fotografie: Mathias Neubauer
Foodstyling: Andreas Neubauer
Illustrationen: siehe Bildnachweis
Herstellung: Frank Jansen
Producing: Jan Russok
Druck & Bindung: optimal media GmbH, Röbel

Kurze Wege schonen die Umwelt
Dieses Buch wurde in Deutschland gedruckt

Im Buch enthaltene Fotos können zur eigenen Nutzung erworben werden unter www.stockfood.com

Die ZS Verlag GmbH ist ein Unternehmen der Edel SE & Co. KGaA, Hamburg.
www.zsverlag.de | www.facebook.com/zsverlag

BILDNACHWEIS:

Illustrationen: Jan Russok: Cover; Irene Schulz: 6, 8 Mitte (Oliven/Schale), 44, 46, 47, 72, 74 (Thaibasilikum), 102, 105 oben und Mitte, 124, 130, 136, 142; shutterstock: 8 unten, 9, 74 (Koriander), 75, 104, 105 unten, 128, 129, 134, 135, 140, 141, 146, 147
Porträtfoto S. 4: Jana Liebenstein

WILLKOMMEN BEI ALFONS SCHUHBECK!

Alfons Schuhbecks Sternerestaurant „Fine Dining im Boettners" liegt am historischen Platzl, im Herzen von München. Hier finden Sie auch seine Restaurants „Südtiroler Stuben" sowie das „Orlando", seinen Eissalon, seine „Sportsbar", seinen Gewürz-, Tee-, Schokoladen- sowie Müsliladen. Die Produkte von Alfons Schuhbeck können Sie bequem im Online-Shop bestellen. Weitere Informationen erhalten Sie im Internet, telefonisch oder persönlich am Platzl.

Schuhbecks
Platzl 2 | 80331 München
Tel.: (089) 21 66 90-0
www.schuhbeck.de
www.schuhbeck-gewuerze.de